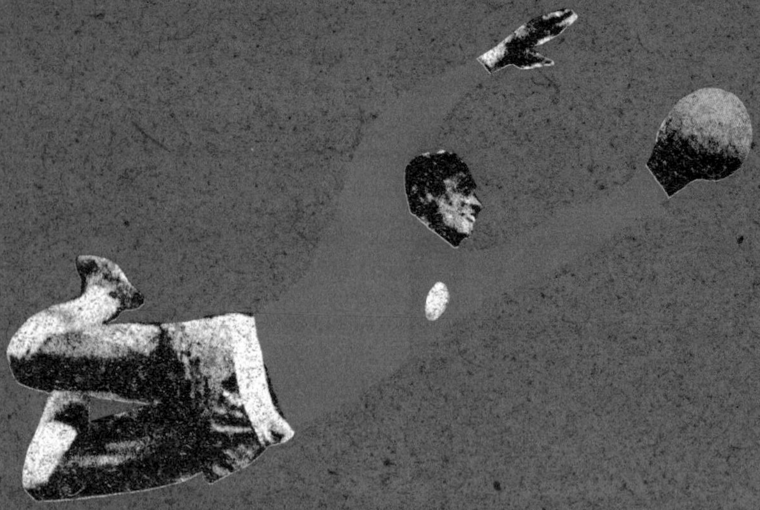

JOSÉ TRAJANO

1960

Quando as estrelas ficaram vermelhas

APRESENTAÇÃO DE
JOÃO MÁXIMO

PREFÁCIO DE
LUIZ ANTONIO SIMAS

IMAGENS DE
GUSTAVO PIQUEIRA

onze cultural

Publisher Marco Piovan
Editor Mauro Beting
Design Casa Rex
Revisão César dos Reis
Comercial e Marketing João Piovan

@11cultural | www.onzecultural.com.br

Dados Internacionais de Catalogação na Publicação (CIP)
(Câmara Brasileira do Livro, SP, Brasil)

Trajano, José
1960 : quando as estrelas ficaram vermelhas / José Trajano. -- São Paulo : Onze Cultural, 2024.

ISBN 978-65-86818-35-2

1. America Football Club - História 2. Futebol - Brasil - História I. Título.

24-235168 CDD-796.33409

Índices para catálogo sistemático:
1. Futebol : História 796.33409
Eliane de Freitas Leite - Bibliotecária - CRB 8/8415

Para a minha amada
Rosana Miziara.

Para os filhos, enteados
e netos João, Marina,
Bruno, Pedro, Tati, Chico,
Leila, Cássia, Cora, Luca e Maria.

Para os torcedores do America
que ainda resistem.

"O que conto aqui são experiências pessoais. Espero que elas possam tocar todos aqueles que um dia já se pegaram distraídos, no meio de um dia de trabalho, de um filme ou de uma conversa, pensando naquele chute de voleio de canhota que entrou no ângulo direito 10 ou 15 ou 25 anos atrás."

Nick Hornby em *Febre de Bola*

Afortunado é o escritor que – a exemplo de Álvaro Moreyra – mergulha no passado sem dar lugar a lembranças amargas. José Trajano é um deles. E dos mais atuantes. Como repórter fiel à sua cidade, seu bairro, suas esquinas, vale-se da memória para falar de casa, família, amigos, política, música, cinema, futebol (com ênfase no último ano de glória de seu America) num livro tão sincero, tão honesto, que é quase impossível não dividirmos com ele as felizes emoções daqueles tempos.

João Máximo

PREFÁCIO

O escritor uruguaio Eduardo Galeano, numa daquelas canetadas lapidares, cravou sobre a capacidade de recordar: "a memória guardará o que valer a pena. A memória sabe de mim mais que eu; e ela não perde o que merece ser salvo".

A sentença de Galeano me ocorreu assim que terminei de ler "1960: quando as estrelas ficaram vermelhas", o mergulho literário de José Trajano no ano em que o America Futebol Clube conquistou o Campeonato Carioca de futebol.

O encontro entre José Trajano, jornalista consagrado, e o Zezinho, menino que tinha treze anos em 1960, é mais que o relato de uma paixão pelo futebol e pelo America. Das páginas do livro, surge um Brasil que inaugurava Brasília, a nova capital, e mergulhava na eleição presidencial que envolvia Jânio Quadros e o Marechal Henrique Lott.

A cidade do Rio de Janeiro, desprovida da condição de capital da República, virava Estado da Guanabara e famílias de funcionários públicos se despediam de amigos para morar na capital inventada por Juscelino Kubitschek, Oscar Niemeyer e Lúcio Costa.

No meio de tudo isso, desfilam escolas de samba, a Fera da Penha assombra a cidade e a garotada da Tijuca se diverte entre bailes, clubes, confeitarias e os domingos no Maracanã. Zezinho frequentava o estádio toda semana e o alerta da mãe, jogo após jogo, renovava-se: "não gaste todo o dinheiro com biscoito Globo de polvilho, Mate Leão e cachorro-quente Geneal", a Santíssima Trindade carioca evocada pelo autor.

Entremeado nesse turbilhão afetivo, o Campeonato Carioca se desenrola com a surpreendente campanha do America que, após vinte e cinco anos de jejum, levanta a taça.

Terminei a leitura com uma impressão fortalecida: o Trajano escritor é um memorialista de mão cheia. Coisa de honrar Pedro Nava. Digo com a maior tranquilidade que "1960" é um poderoso registro de um país, uma cidade, um bairro e uma paixão pelo futebol que bordou os modos brasileiros de inventar a vida.

Por fim, dou a dica: peguem o pacote de biscoito, deem uma boa golada no mate, escolham o molho do cachorro-quente e preparem-se para mergulhar em um tempo em que estrelas vermelhas cintilavam no céu da Guanabara.

José Trajano, campeão, escreveu um livro tão emocionante quanto o gol do Jorge.

Luiz Antonio Simas

Meu chapa, quando Quarentinha – não o craque paraense que vestiu algumas vezes a camisa da Seleção Brasileira, que tinha uma bomba no pé esquerdo e foi artilheiro de dois Estaduais pelo Botafogo, mas sim um compridão centroavante baiano de Santo Amaro, vindo do Ipiranga, o time amarelo e preto de Jorge Amado, Irmã Dulce e Mestre Pastinha – estufou o véu da noiva da meta vascaína defendida por Barbosa, então com 39 anos, o mesmo injustiçado Moacir Barbosa, da Copa de 1950, marcando em 31 de julho o primeiro goal *do America no Campeonato Carioca de 1960, o Rio de Janeiro já não era mais a capital do país. As eleições para presidente da República, disputadas entre o professor Jânio e o Marechal Lott, e para governador do recém-criado Estado da Guanabara estavam na ordem do dia. O país tinha um pouco mais de 70 milhões de habitantes, um terço de analfabetos. O assunto no boca a boca era o assassinato de uma menina de 4 anos por uma mulher chamada de A Fera da Penha, Escorpião Fêmea ou Frankenstein de Saias!*

Mas não vou tirar uma chinfra, não! Vou contar direitinho o que aconteceu em 1960.

Meus pais me achavam da pá virada!

Eles não tinham a menor ideia do que era um adolescente da pá virada. Não bebia (uma ou outra cuba-libre em festas e umas Brahmas casco escuro com amigos na saída dos jogos no Maracanã... Nada que um Sonrisal efervescente, único que continha dois antiácidos, não resolvesse), não fumava nem ficava até tarde ouvindo histórias de sacanagem em rodinhas na pracinha ao lado de casa. Tinha 13 anos e a maior ousadia era saltar do bonde em andamento, além de ser gamado na Beth, linda lourinha de longas tranças, que morava no prédio em frente - uma espécie de Rapunzel tijucana -, mas que não me dava a menor bola; adorava ir aos bailes de sábado no America, principalmente quando embalados pelo extraordinário conjunto do Ed Lincoln, e passar noites e noites ouvindo na radiovitrola de pés palitos músicas cantadas e tocadas no violão por um baiano chamado João Gilberto, que acabara de lançar o seu segundo LP, *O amor, o sorriso e a flor*.

O meu negócio mesmo era o futebol!

Chamavam-me de Zezinho, centroavante do time infantojuvenil, o rapazinho que não descolava do rádio para ouvir as partidas, não perdia as transmissões ao vivo da TV, ia ao Maracanã assistir a qualquer jogo que fosse, colecionava figurinhas (vinham enroladas em balas de chupar), discutia sobre táticas com os mais velhos, participava de peladas na rua, jogava no time da escola, era craque no totó e no futebol de botão e sabia - na ponta da língua - a escalação de todos os times do Campeonato Carioca. Mas, sofria pra chuchu!

Os colegas do Colégio São Bento, flamenguistas, botafoguenses, vascaínos e tricolores, já haviam gritado "é campeão" pelo menos uma vez. Só eu que não!

Era motivo de galhofa, gozação, até de pena, diziam alguns deles.

Eis que veio 1960!

TCHAU, RIO DE JANEIRO

O ano de 1960 começou confuso, estranho, muita gente fazendo malas e dando no pé para Brasília - famílias inteiras de políticos, funcionários públicos e empresas foram transferidas para a futura capital. Amigos se despediam, amores eram desfeitos. Um enorme bafafá!

A transferência da capital para o Planalto Central dominava as conversas de início de ano, mesmo com o noticiário esmiuçando as causas do choque de dois aviões que sobrevoavam a Baía de Guanabara em 25 de fevereiro, causando a morte de 35 integrantes da banda da Marinha americana que estavam no Douglas R6D-1 vindo de Buenos Aires, e 26 passageiros do Douglas da Real Aerovias que chegava de Campos de Goitacazes.

No último dia de fevereiro, logo depois da tragédia, os desfiles do carnaval tiveram ar melancólico e de despedida. Seriam os últimos realizados na capital do país. E o dia das Escolas de Samba terminou de forma surpreendente, com a decisão inédita de dividir o título entre cinco delas: Portela, Salgueiro, Mangueira, Império Serrano e Unidos da Capela. Na verdade, a Portela, com o enredo *Rio, Capital Eterna do Samba*, foi declarada campeã, o seu 15º título, o quarto consecutivo, mas houve muita confusão com o atraso dos desfiles (começou às 21h e terminou às 11h do dia seguinte) e todas as escolas perderiam muitos pontos por culpa da desorganização da Prefeitura. Assim, os dirigentes das agremiações fizeram um acerto, proposto por Natal, presidente portelense, para o resultado final não parar na Justiça.

O desfile, realizado em 28 de fevereiro na Avenida Rio Branco, entre a rua Santa Luzia e o Teatro Municipal, tinha entre os jurados gente muito qualificada como o ator, escritor e produtor Haroldo Costa, os jornalistas Lúcio Rangel e Eneida de Moraes, e a atriz e figurinista Kalma Murtinho, que tiveram que aceitar a decisão.

Caprichosos de Pilares, campeã, e Acadêmicos de Bento Ribeiro, vice, foram promovidas à primeira divisão, enquanto Unidos de Padre Miguel, Beija-Flor, Aprendizes da Boca do Mato e Unidos de Bangu foram rebaixadas.

No desfile dos frevos, Lenhadores foi a campeã; no de ranchos, os Decididos de Quintino; no das grandes sociedades deu Pierrôs da Caverna. Esses desfiles aconteciam na segunda e na terça-feira de carnaval.

INDO A BRASÍLIA

O sonho do presidente Juscelino Kubitschek de Oliveira, o médico mineiro de Diamantina, o JK, anunciado desde o primeiro dia de seu governo, em 1956, tornou-se realidade em 21 de abril, junto com as comemorações de Tiradentes, e Brasília - no Planalto Central, a mil quilômetros de distância da Costa Atlântica, construída em três anos e 10 meses, em projeto ambicioso do urbanista Lúcio Costa e do arquiteto Oscar Niemeyer, que pretendiam criar ali a cidade do século, a maior invenção arquitetônica de todos os tempo - entrou para a história.

No mesmo instante, confirmaram a inauguração do novo Distrito Federal, em dia de sol forte e céu azul, irritando e decepcionando grande parte dos quase três milhões e meio de cariocas, que achavam a construção de Brasília uma ideia de jerico. A "Cidade Maravilhosa" tornou-se cidade-estado; o Estado da Guanabara, o menor da Federação.

No prédio de três andares onde morava na Tijuca, coladinho à Praça Afonso Pena, Seu Oto, do segundo andar, e Seu Marques, do terceiro (fundos), foram transferidos para Brasília. Eram funcionários públicos, barnabés. Teve despedida no apartamento térreo da síndica, Dona Albertina, e do marido, Antônio, casal de portugueses que mexia com secos e molhados na Rua do Acre, junto ao porto na Praça Mauá.

Serviram bolinhos de bacalhau, tremoços à vontade, tudo regado a cerveja, inclusive a preta Black Princess, e bagaceira. Além de deliciosas empadas de camarão do Salete, restaurante do Manolo, amigo da turma, principalmente do meu pai, e doces da Gerbô, confeitaria húngara que fazia o mais saboroso *spumone* da cidade (gelatina gelada com camadas de diferentes cores e sabores).

Salete e Gerbô ficavam um de frente para o outro, no início da rua, quase esquina com a Mariz e Barros, onde havia - em um bar - o maior ponto de jogo do bicho do bairro, com várias mesas de sinuca no fundo. Teve choradeira e a noite no prédio acabou em uma bebedeira geral.

A turma de vizinhos era unida. Nem todos possuíam telefone e televisão. Lá em casa tinha e muitos deles assistiam, como televizinhos, às partidas de futebol. Lembro-me da algazarra e da enorme emoção quando o Brasil foi campeão em 1958, na Suécia, e não havia televisionamento dos jogos. Meu pai e alguns vizinhos choravam feito crianças com o ouvido colado ao rádio.

O curioso é que, mesmo sem ver nenhuma imagem da partida contra a Suécia, ficavam imaginando as jogadas, os gols e até a volta olímpica, baseados nas narrações emocionadas que chegavam. Um descrevia para o outro como achava que teria acontecido.

Quanto ao telefone, era comum um vizinho dar o número de nossa casa para que ligassem para ele. Eu ia até o apartamento para chamá-lo ou anotava o recado. E ele telefonava de volta para a pessoa, lá mesmo de casa.

A eleição presidencial pegava fogo. As chapas Lott-Jango e Jânio-Milton Campos faziam campanhas acirradas, enquanto a de Adhemar de Barros (PSP), ex-governador de São Paulo, mostrava-se sem fôlego para ir longe. Crescia a ideia do voto Jan-Jan (Jânio-Jango), porque era possível votar em um candidato a presidente de uma chapa e em um vice-presidente de outra. João Goulart, o Jango, era candidato à reeleição.

Pra vice-presidente
Nossa gente vai jangar
É Jango, Jango, é o João Goulart

Os pais, Trajano e Nilza, assim como os tios, primos e avós, adoravam Carlos Lacerda (o mais famoso político udenista, orador brilhante, responsável principal pelo suicídio de Vargas e candidato ao governo do recém-criado Estado da Guanabara) e faziam campanha para ele e o candidato da UDN à presidência, o tresloucado Jânio da Silva Quadros, 43 anos – ex-professor ginasial de gramática, advogado, nascido em Campo Grande, no atual Mato Grosso do Sul, que vinha de carreira avassaladora em São Paulo: vereador, deputado, prefeito e governador. Conhecido como o "Homem da vassoura", vendia ojeriza aos políticos e à corrupção, usando o *jingle*:

Varre, varre, varre vassourinha
Varre, varre a bandalheira
Que o povo está cansado
De sofrer dessa maneira
Jânio Quadros é a esperança
Desse povo abandonado

O adversário de Jânio, o Marechal Henrique Batista Duffles Teixeira Lott, militar sisudo e de pouco riso, era o avesso do histriônico homem da vassoura. Contava com o apoio do presidente Juscelino, de Leonel Brizola, governador do Rio Grande do Sul, e de Miguel Arraes, prefeito do Recife. Mineiro de Barbacena, 70 anos, legalista, garantiu, como Ministro da Guerra, com atuação firme, a posse de Juscelino em 31 de janeiro de 1956, pondo fim à tentativa de golpe concebido por udenistas chefiados por Carlos Lacerda, que não se conformavam com a derrota do candidato deles à presidência, o general Juarez Távora, e a reeleição de Jango. Ele também tinha um *jingle*, mas que não pegou:

De Leste a Oeste
De Sul a Norte

Na terra brasileira
É uma bandeira
O Marechal Teixeira Lott

Mesmo sem entender muito bem o que acontecia, juntei-me a uma turma de jovens do bairro que fazia campanha para o Lott. Uns primos me chamavam de "ovelha negra", não só por não aderir à campanha janista, mas por sempre revelar desprezo ao boquirroto Carlos Lacerda, ao contrário de toda a família. De vez em quando, passava no comitê, em um velho sobrado perto de casa, para ajudar a distribuir material de campanha do Marechal e de Sérgio Magalhães, adversário de Lacerda na disputa para governador da Guanabara. Meus pais sabiam e, apesar de discordar, não ralhavam, não.

Músicas contra e a favor da transferência da capital pipocaram a partir do carnaval de 1957. E a que pegou no breu, fez sucesso entre os contrários à mudança foi *Não vou pra Brasília*, de Billy Blanco, gravada pelo conjunto vocal Os Cariocas:

Eu não sou índio nem nada
Não tenho orelha furada
Pendurada no nariz
Não uso tanga de pena
E a minha pele é morena
Do sol da praia onde nasci
E me criei feliz

Não, não vou pra Brasília
Nem eu nem minha família
Mesmo que seja pra ficar cheio de grana
A vida não se compara
Mesmo difícil, tão cara
Eu caio duro
Mas fico em Copacabana

A turma a favor da mudança para Brasília cantava com força o samba *Vou pra Goiás*, autoria dos bambas Wilson Batista, Nássara e

Jorge de Castro, gravada pelo grande Nelson Gonçalves, uma das maiores vozes do rádio.

Seu doutor, tá legal
Chegou a hora de mudar a capital
Ai, meu Rio, meu Rio de Estácio de Sá
Adeus, Pão de Açúcar e Corcovado
Eu também vou pra lá

FOI DADA A PARTIDA

O futebol, uma "caixinha de surpresas", como o definia Benjamin Wright, comentarista da Rádio Continental, era transmitido ao vivo e em preto e branco pelas TV Tupi, Continental e Rio, o que afastava parte do público dos estádios. Mesmo assim, os clássicos Vasco x Flamengo, Fla-Flu e Vasco x Fluminense levavam algumas vezes mais de 100 mil pessoas ao Maracanã.

Até então, o maior público do estádio (179.999 torcedores) foi em Brasil 4 x 1 Paraguai, pelas eliminatórias da Copa de 1954, com dois gols de Julinho, um de Pinga e outro de Baltazar, este o único dos três jogadores que disputara a trágica Copa anterior. Nesse dia 14 de março, muito antes da partida, a rua lá de casa já estava coalhada dos imensos Cadillac, Buick, Ford, Chevrolet, Mercury, Studebaker, Nash, Packard, carros importados que circulavam pela cidade.

Morávamos pertinho do Maracanã e a multidão que passava a pé pelos lados da Rua Haddock Lobo, vindo do Estácio, do Rio Comprido, da Muda e da Usina, e mesmo do Centro, era impressionante.

Em dias de grandes clássicos ou partidas da Seleção Brasileira, os moradores do prédio faziam um bolão para ver quem chegava mais perto ao público pagante. Meu pai, o professor Trajano, era craque nisso. Observava a quantidade de automóveis estacionados e de pessoas passando desde cedo em direção ao estádio e acertava quase sempre.

Apesar do televisionamento das partidas, o rádio dava as cartas. O sonho de consumo dos torcedores, a nova sensação tecnológica, era o pequenininho rádio transistor japonês Spica, que vinha embalado em estojo de couro e virou companhia inseparável a quem ia aos estádios.

O rádio não ligava na tomada, funcionava com pilhas e podia ser levado a qualquer lugar. Eu tinha o meu, que ganhei de presente de aniversário, e assim podia ouvir Jorge Cury, Doalcey Camargo, Waldir Amaral, Oduvaldo Cozzi, Clóvis Filho, Rui Porto, João Saldanha (iniciando como comentarista), Mário Vianna, Carlos Marcondes e Luiz Mendes, os bambambãs do microfone.

A atração do 1º Campeonato de Futebol do Estado da Guanabara, disputado por 12 equipes em turno e returno, todos contra todos, era a participação de 10 campeões mundiais. Além dos que jogavam no Vasco, Botafogo, Fluminense e Flamengo, havia Zózimo, zagueiro do Bangu, reserva do vascaíno Orlando.

Seriam 12, mas o pernambucano Vavá, "o peito de aço", fantástico artilheiro do Vasco e da Seleção na Suécia, foi vendido para o Atlético de Madrid, e Joel, ponta-direita rubro-negro, reserva de Garrincha, transferiu-se para o Valencia. Foram embora logo depois da conquista da Copa.

Os torcedores cariocas estavam cheios de si porque no Torneio Rio-São Paulo, disputado antes do Campeonato Carioca, o Fluminense foi campeão, seguido por Botafogo, com Vasco, Flamengo e Corinthians empatados em terceiro lugar. Palmeiras, São Paulo, Santos e Portuguesa vieram a seguir, mostrando um predomínio dos times do Distrito Federal, que ainda não havia virado Estado da Guanabara. A decepção foi o America, último colocado, apesar de ter participado das partidas com maior número de gols: derrota de 5 a 4 para o Santos, 4 a 1 para o Palmeiras e goleada de 5 a 1 pra cima do Flamengo.

Nem a fama de Pelé, já com 19 anos, estraçalhando no Santos, causava inveja. Garrincha levava com seus dribles mágicos os torcedores cariocas ao delírio e dividia com o jovem craque da Vila Belmiro, nascido em Três Corações, mas descoberto em Bauru, o prestígio nacional.

Pelé jogou no Maracanã, em 1957, deixando os cariocas de queixo caído. Com apenas 16 anos e nove meses e com a camisa do Vasco em um combinado da equipe santista com o clube carioca, ele marcou cinco gols em três partidas (três contra o Belenenses, um contra o Dínamo de Zagreb e um contra o Flamengo) disputando um torneio internacional cuja finalidade era levantar fundos para a construção do estádio do Morumbi.

Nesse mesmo ano, em 7 de julho, no mesmo maior do mundo, com a camisa número 13 e entrando no segundo tempo no lugar de Del Vecchio, seu companheiro no Santos, Pelé estreou na Seleção Brasileira, convocado pelo técnico Sylvio Pirillo, e marcou o único gol do Brasil na derrota por 2 a 1 para a Argentina, pela Copa Roca, confronto de ida e volta disputado desde 1914 entre os dois países.

O Fluminense, comandado pelo prestigiado Zezé Moreira, técnico da Seleção na Copa de 1954, tentava o bicampeonato, amparado pela experiência no gol do fantástico Castilho, reserva de Gilmar em 1958, pelo vigoroso Pinheiro na zaga central, pela raça de Telê, pelos gols do artilheiro Valdo e pela velocidade do ponta-esquerda Escurinho. Além do arisco ponta-direita Maurinho, contratado pelo São Paulo, da Seleção na Copa na Suíça, assim como Castilho e Pinheiro.

Da turma do colégio, Carlos Maura e Ivair eram os mais fanáticos torcedores do Fluminense. Várias vezes fomos assistir a partidas do tricolor no estádio das Laranjeiras, ao lado do Palácio Guanabara. Para eles, Castilho era o maior goleiro do mundo e não merecia ser reserva de Gylmar na Copa e Telê deveria ter ido à Suécia em lugar de Joel, do Flamengo. Contavam como certo o bicampeonato!

O Botafogo exibia orgulhosamente quatro campeões mundiais: Garrincha, Nílton Santos, Zagallo e Didi, além de Quarentinha, "o artilheiro que não sorria", do jovem atacante Amarildo e do recém-contratado goleiro pernambucano Manga. O técnico era Paulo Amaral, campeão mundial como preparador físico.

O alvinegro tinha muitos torcedores no São Bento. Marcus Aníbal destacava-se e não cansava de se lembrar da campanha vitoriosa de 1957, quando Garrincha, endiabrado, e os artilheiros Paulinho Valentim e Quarentinha faziam gols sem parar, Didi era o maestro do meio-campo e Nílton Santos da defesa. Com Garrincha, Didi (retornando do Real Madrid), Quarentinha e a revelação Amarildo na ponta-esquerda, acreditava no título.

O Vasco vinha com o zagueiro Bellini, o capitão da Copa, o primeiro jogador brasileiro a erguer a Taça Jules Rimet, o quarto-zagueiro Orlando – vendido em seguida ao Boca Juniors –, o irrequieto ponta-direita Sabará (a Flecha Negra) e o habilidoso Pinga, da Seleção Brasileira na Copa de 1954, que podia ser meia ou ponta-esquerda.

Dudu, o Eduardo Amaral, era vascaíno de paixão. Com habilidade, desenhava os times e os jogadores durante as aulas. E repetia orgulhosamente a escalação do time supercampeão de 1958: Barbosa (Miguel); Paulinho e Bellini; Écio, Orlando e Coronel; Sabará, Rubens, Almir, Roberto Pinto (Wilson Moreira) e Pinga. Dudu achava que o time cruzmaltino iria muito longe.

O Flamengo contava com o artilheiro alagoano Dida, titular no lugar de Pelé na estreia na conquista da Suécia contra a Áustria, o baixinho e sestroso meia Moacir, reserva de Didi na Copa, os juvenis Carlinhos e Gérson para o meio-campo e o insinuante prata da casa, Germano, na ponta-esquerda. Além da impressionante força da torcida rubro-negra.

Wilson Onça era o craque do colégio e torcedor rubro-negro. Esfregava na nossa cara os feitos do tricampeonato de 1953, 54 e 55, que não viu, porque ainda era criança, mas confiava no título principalmente pela presença da dupla Henrique e Dida no comando do ataque. E desconfiava que o jovem ponta-esquerda Germano, reserva do pequenino Babá, seria a revelação da temporada.

O Bangu, dirigido pelo estrategista Tim, craque das décadas de 1930 e 1940, que se revelava um grande treinador, trazia bons jogadores: o meia-armador Décio Esteves, o goleiro Ubirajara, além do zagueiro Zózimo, campeão do mundo. E uma revelação saída dos juvenis, o meia Ademir, filho do Divino Domingos da Guia.

Ninguém no colégio torcia pelo Bangu. Mas havia o respeito, o medo de enfrentar o time alvirrubro da Zona Oeste. E quase todos se lembravam de vários craques que passaram por lá, principalmente Zizinho, o Mestre Ziza, e Domingos da Guia.

Entre os pequenos destacava-se o Olaria, com os artilheiros Jaburu e Cané. Portuguesa, Bonsucesso, Madureira, São Cristóvão e Canto do Rio, de Niterói, fariam figuração, mas era bom ficar de olho para não perder pontos irrecuperáveis.

Edson morava no Méier, um dos poucos alunos do subúrbio, e dizia torcer para o Bonsucesso porque o seu pai era primo do zagueiro Urubatão, comprado pelo Santos de Pelé. Seu Tarcísio, inspetor mal-humorado, torcia para o São Cristóvão, por morar no bairro desde criança, e dizia para prestarmos atenção no veterano ponta-esquerda Djair, craque do Vasco de anos atrás.

O America não conquistava um título havia 25 anos. E entre os seus jogadores conhecidos estavam João Carlos, meia-armador com passagens pelo Fluminense e Botafogo; os goleiros Pompéia, apelidado pelo locutor Waldir Amaral de "*Constellation*" (avião da ponte-aérea Rio-São Paulo) pelos saltos acrobáticos que fazia ao defender a meta americana; e o experiente Ari, vindo do Flamengo. O excelente ponta-direita Calazans, irmão do campeão do mundo, Zózimo, foi comprado ao Bangu para suprir a ausência de Canário, vendido por bom dinheiro ao poderoso Real Madrid.

Os anos 1950 haviam sido muito duros com o America. Em mais de uma vez o clube se viu às portas de recuperar a glória perdida, mas acabou dramaticamente frustrado, criando-se a ideia de que "nadava, nadava e morria na praia". No campeonato de 1950, os rubros lideraram invictos o certame até o último dia daquele ano. Mas, nas três rodadas finais, em janeiro de 1951, três derrotas seguidas - uma delas para o Vasco na última partida - entregaram o título aos cruzmaltinos.

O America voltaria a ficar com o vice em 1954 e 1955. Neste último, após conquistar o terceiro turno, o clube foi da euforia à amargura na melhor-de-três decisiva com o Flamengo. Decepção que continuaria no campeonato seguinte: líderes na virada do turno, somando 11 vitórias em seus 14 primeiros jogos, os rubros venceriam apenas dois dos oito últimos, afastando-se da disputa bem antes do imaginado. E aí começou o declínio: em 1957 o time terminou apenas na sexta colocação. Em 1958 e 1959, em quinto. Era preciso uma chacoalhada.

Emmanuel do Valle, site Trivela.

Bem comandado por Zezé Moreira, o Fluminense (campeão dos títulos inéditos) persegue este ano dois objetivos: o bicampeonato e o título de primeiro campeão do Estado da Guanabara. Eis os tricolores em pose especial para nossos leitores: Clóvis, Jair Marinho, Edmilson, Altair, Castilho, Pinheiro, Maurinho, Paulinho, Valdo, Telê e Escurinho.

1960

Com a reconquista de Didi o Botafago reforçou consideràvelmente seu quadro, uma das grandes atrações do campeonato carioca e um dos mais famosos em todo o Brasil. Da esquerda para direita, Cacá, Manga, Jorge, Nilton Santos, Pampolini, Chicão, Garrincha, Quarentinha, Genivaldo, Didi e Amarildo.

Embora atravessando, logo ao início do campeonato, uma forte crise, com a dispensa do treinador Filpo Nuñes, o Vasco, sempre sério candidato ao título, acabou se firmando para lutar de igual para igual com os outros candidatos. Eis a formação principal dos vascaínos: Ita, Paulinho, Belini, Écio, Orlando, Coronel, Sabará, Wilson Moreira, Delém, Valdemar e Pinga.

Com Fleitas Solich de novo no seu comando, a equipe de Flamengo conta dar muitas ale-
grias à torcida. Esta é uma das formações do conjunto rubro-negro. Da esquerda para a direita, Joubert, Ari, Monin, Jadir, Carlinhos, Jordan, Oton, Moacir, Henrique, Gerson e Babá

Bem preparado física e tecnicamente, o América apareceu como uma das boas atrações do campeonato carioca dêste ano, conseguindo triunfos expressivos. Eis a equipe rubra na sua formação habitual. Em pé, da direita para a esquerda: Jorge, Ari, Djalma, Wilson Santos, Leônidas e Ivan. Agachados, na mesma ordem: Calazans, Antoninho, Quarentinha, João Carlos e o ponteiro esquerdo Nilo.

HERÓI DO SERTÃO

Fazendo sol ou chuva, eu pegava cedinho o bonde Lins de Vasconcelos (transporte elétrico barato, não poluente, com linhas espalhadas por todas as zonas da cidade), o de número 75, na Rua Mariz e Barros, Tijuca, em frente ao Instituto de Educação das graciosas normalistas. Descia depois de meia hora no centro da cidade, na Marechal Floriano, travessa da Avenida Rio Branco, já pertinho do São Bento, colégio católico no alto do morro da estreita Rua Dom Gerardo, Praça Mauá, vizinha dos bairros da Saúde e Gamboa, e de onde se contempla vista deslumbrante da Baía da Guanabara.

O Morro de São Bento abriga o mosteiro, a igreja de Nossa Senhora de Montserrat e o centenário colégio, fundado em 1858, onde eu estudava desde o terceiro ano primário, trajando calça cinza e camisa azul clara, com emblema vermelho e amarelo no bolso e imagem de um leãozinho segurando um báculo, espécie de cajado papal, simbolizando a virtude. Carregava a imensa mala de couro, presente de meus pais comprado na Casa Mattos, "a amiga número um dos estudantes do Brasil", que, pesadíssima, parecia estar sempre com chumbo dentro.

A maioria dos alunos fazia campanha para o Jânio, influenciada pelos monges beneditinos e por pais udenistas admiradores de Carlos Lacerda. Semi-interno, cursando o terceiro ginasial, voltava para casa no fim da tarde esbaforido, ansioso para não perder nas ondas da Rádio Nacional, a poderosa PRE-8, nenhum capítulo de *Jerônimo, herói do sertão*.

Chegava em cima da hora, o seriado começava às 18h25 em ponto, logo depois de *A aventura do anjo* - que narrava peripécias de um milionário que combatia o crime como um detetive com a ajuda de três amigos: Jarbas, Metralha e Faísca - e encontrava o rádio já ligado por minha mãe tocando a música de abertura:

Quem passar pelo sertão
Vai ouvir alguém falar
No herói desta canção
Que eu venho aqui cantar
Se é pro bem, vai encontrar
Um Jerônimo protetor
Se é pro mal, vai enfrentar
O Jerônimo lutador
Filho de Maria homem nasceu
Cerro Bravo foi seu berço natal

Depois de vibrar com a valentia de Jerônimo ao lado da namorada, Aninha, e do braço direito, Moleque Saci, que o ajudavam a combater o Caveira, um criminoso na arte do disfarce, partia rapidinho para a sede do America, na vizinha Campos Sales.

O prédio tinha fachada de fajuta *art déco* de dois andares (no andar de cima ficava o salão de baile; no térreo, o bar, a sala de troféus e a barbearia do Seu Joaquim) e ocupava parte de imenso quarteirão entre as ruas Martins Pena e Gonçalves Crespo, junto da Praça Afonso Pena, cujo nome, aliás, é Castilho França.

Ali ficavam o estádio de futebol para 8 mil pessoas, uma minúscula piscina - nós a chamávamos de banheirão -, duas quadras para basquete e futebol de salão e pequeno ginásio coberto, utilizado para partidas de vôlei e peteca americana, esporte inventado no clube, mistura de vôlei e futebol de salão, com rede no meio separando os times e balizas por onde a peteca deveria entrar.

Junto dos sócios mais velhos, que fofocavam enchendo a cara no bar, eu tomava conhecimento das notícias enquanto saboreava um caprichado cachorro quente, famoso por levar um molho especial preparado carinhosamente por Dona Pretinha, mulher de seu Ângelo, o gerente, nossos vizinhos na Rua Afonso Pena, onde mantinham uma pensão que servia de moradia para alguns jogadores solteiros do America. A pensão na rua que fazia comida para fora e a distribuía em marmitas, era do Seu Altino Maia e um dos seus inúmeros filhos, o Tião Marmiteiro, que as entregava lá em casa.

As conversas sobre as chances do time esbanjavam otimismo, ao contrário de outras vezes, e me estimulavam a manter a confiança:

"Tem gente boa e jovem no time. E isso pode ajudar. Quem sabe vamos conseguir?

Este ano vai ser fogo na jaca! Vamos botar pra jambrar!

O Jorge Vieira é jovem, vai promover a meninada. E com ajuda dos veteranos Ari, Pompéia, João Carlos e Calazans, a química pode dar certo."

Era o que mais ouvia. Fingia acreditar.

No dia anterior à estreia no campeonato, os jogadores americanos e a comissão técnica assistiram à peça-revista É Xique-Xique no Pixoxó, *no Teatro Recreio, na Praça Tiradentes, a convite de Oscarito, ator principal e torcedor apaixonado do America. O teatro-revista vivia dias de glórias. A peça era tremendo sucesso, principalmente pela presença de se tirar o chapéu de exuberantes coristas e bailarinas que o produtor Walter Pinto trouxera diretamente de Buenos Aires, além da majestosa participação de Nélia Paula, que chamava a atenção por suas belas pernas.*

As mais badaladas e reverenciadas de todas as vedetes do teatro-revista, além de Nélia Paula, eram a exuberante paulistana Angelita Martinez e a baixinha e dentuça Virgínia Lane, torcedora fanática do America, amante durante anos do Presidente Getúlio Vargas, que a apelidara de "A vedete do Brasil".

CLÁSSICO DA PAZ?

31 de julho de 1960!

A torcida americana compareceu em bom número à estreia no campeonato contra o Vasco, no Maracanã, chamada de "*debut*" pela imprensa, mas o clima entre os torcedores não era de paz e alegria, e sim de revolta. Fui com meu pai e alguns amigos dele, torcedores apaixonados do America.

A revolta se extravasava nos xingamentos.

Xinguei pra valer os jogadores vascaínos, descontando neles a raiva por Almir Pernambuquinho, o "Pelé branco", um craque meio matusquela, ter entrado pra valer no Hélio, lateral-esquerdo de 32 anos, em 9 de agosto pelo campeonato do ano anterior, causando ruptura dos ligamentos do joelho do jogador americano, inutilizando-o para o futebol.

"Malditos! Safados! O Hélio não fazia mal a ninguém!"

Almir não jogava mais pelo Vasco, fora vendido fazia pouco tempo ao Corinthians. Os jogadores vascaínos pagaram o pato e ouviram palavrões durante toda a partida.

A primeira rodada do 1º Campeonato do Estado da Guanabara começou uma semana antes do "Clássico da Paz", com o campeão Fluminense vencendo o badalado Botafogo por 1 a 0 (51.012 pagantes) e o Flamengo derrotando a Portuguesa por 2 a 1.

Perdemos por 2 a 1 nos juvenis pela manhã, em Campos Sales, e na preliminar de aspirantes, no Maracanã, por 3 a 1. A tabela dos campeonatos cariocas era organizada de modo que os clubes se enfrentassem quase sempre no mesmo dia em todas as categorias. Daí surgiu a expressão barba, cabelo e bigode. Havíamos perdido a barba e o cabelo. Faltava o bigode.

A partida de estreia do time principal iria começar, e as frases que ouvi no bar de que aquele ano seria diferente me martelavam. Seria mesmo?

"A primeira fase do jogo não apresentou bom panorama técnico. As duas equipes atuavam com excessivo zelo em suas defesas."

O segundo tempo foi diferente e "esteve à altura do clássico. O America pareceu com maior vigor, procurando fugir ao zero a zero. E conseguiu aos 8 minutos o gol da vitória. Depois de um pelotaço de Calazans na trave superior, o baiano Quarentinha desarmou completamente Barbosa e, dominando o rebote, acertou as malhas vascaínas. O marcador de 1 a 0 foi um prêmio justo ao esforço do America, o triunfo ficou muito bem em suas mãos."

A vida do Crack, edição do campeão

O jovem técnico Jorge Vieira, de apenas 25 anos, "quintanista" de direito, ex-jogador do Madureira, radiante, dava entrevistas revelando a surpresa pela vitória diante de um time mais rodado e com mais jogadores experientes:

- O America não sabia a força que tinha. Agora sabe.

O *"debut"* foi alvissareiro!

America x Vasco, "O Clássico da Paz", é apelidado assim porque, em 1937, os presidentes dos dois clubes pacificaram o futebol carioca, então disputado por duas entidades entre 1933 e 1936: a Federação Metropolitana de Desportos com Vasco, Madureira, Olaria, Botafogo, Bangu, São Cristóvão e Andaraí e a Liga Carioca de Football com America, Flamengo, Fluminense, Portuguesa, Bonsucesso e Jequiá.

Para comemorar a união e a criação da Liga de Futebol do Rio de Janeiro, houve uma partida amistosa entre America e Vasco em São Januário, coincidentemente no dia 31 de julho, vitória dos vascaínos por 3 a 2, diante de um público de 35 mil torcedores. Em 2 de abril de 1933, realizaram a histórica primeira partida entre times profissionais do Rio de Janeiro, vitória do Vasco por 2 a 1.

****Vasco 0 x 1 America****

Local: Maracanã

Juiz: Wilson Lopes de Souza

Auxiliares: Rui da Conceição e Jorge Lemos

Renda: Cr$ 1.080.371,00

Público: 34.589 (camarote: 1, cadeiras: 961, arquibancadas: 2.639, gerais: 6.741, militares: 247)

Gol: Quarentinha, 53'

Vasco: Barbosa; Dario, Bellini e Coronel; Écio e Russo; Sabará, Roberto, Delém, Pinga e Ronaldo. Técnico: Filpo Núñez

America: Ari; Jorge, Djalma e Wilson Santos; Leônidas e Ivan; Calazans, João Carlos, Antoninho, Quarentinha e Nilo. Técnico: Jorge Vieira

Infelizmente, o campeonato carioca de futebol teve mau [illegible], com cer[illegible] [illegible]plina nos dois p[illegible] ros grandes clássicos. Na abertura do certame, num dia de [illegible] houve o desentendimento de Maurinho c[illegible] Nilton Santos. Depois, no cotejo Vasco x America (sempre chamado de "classico da paz"...) os valentes t[illegible] bém andaram colocando as manguinhas de fora (foto) dando trabalho ao juiz e bandeirinhas. Nas súmulas, [illegible] rem, entregues após os jogos, os juízes (Eunapio de Queirós e Wilson Lopes de Souza) acharam tudo norm[illegible]

QUARENTINHA

EMOÇÕES NO MARACA

Ir ao majestoso Maracanã, o mais perfeito e delicioso programa dos meus 13 anos, era bárbaro!

O estádio parecia o quintal de casa. Assistia a jogos de todos os times e não apenas do America. Morava a pouco mais de 10 minutos de caminhada. Os amigos e colegas de escola vinham de outros lugares e passavam em casa para irmos juntos ao estádio. A mãe, Nilza, servia lanche reforçado com sanduíche de carne assada e pavê de chocolate ou pudim. O pessoal lambia os beiços! Minha mãe adorava receber elogios.

Ela não queria que gastássemos dinheiro com a Santíssima Trindade: biscoito Globo de polvilho, Mate Leão e cachorro-quente Geneal, vendidos pelos ambulantes espalhados pelo estádio, mas era irresistível; comprávamos assim mesmo. E sobravam trocados para o Café Palheta.

Depois do lanche, ansiosos, íamos a pé ou subíamos eufóricos no bonde 63, São Francisco Xavier, junto a dezenas de torcedores que faziam gostosa farra.

Gostava de chegar cedinho ao Maracanã para assistir à preliminar dos times de aspirantes. O jogador que se destacasse poderia virar titular no próximo jogo (no time principal, alguém poderia se machucar ou ser expulso) e a gente já saberia de quem se tratava.

O melhor lugar para assistir aos jogos, quando o America não jogava, era no meio do campo, alguns poucos degraus acima do placar central, ou atrás de um dos gols. No intervalo, trocávamos de lado para acompanhar o ataque de frente.

Uma vez só fomos de geral, onde os ingressos eram mais baratos. Dali, praticamente não se via o jogo. Foi divertido e nem demos bola de ficar o tempo todo em pé. Os torcedores, muitos deles fantasiados, levavam cartazes, acendiam velas de joelhos, andavam de patins e patinetes, xingavam sem parar e chamavam o técnico do próprio time de "burro", estivesse ganhando ou perdendo a partida. Ficamos pertinho dos jogadores, dava para ouvir o que falavam, as instruções gritadas pelos técnicos e o que diziam os repórteres atrás do gol. Nós nos divertimos às pampas!

A emoção de ir ao Maracanã aumentava e o coração acelerava ao subir a rampa já dentro do estádio. Alguns passos adiante, espremido em estreito corredor que terminava nos largos degraus da arquibancada, enxergava lá embaixo o gramado verdinho, as cadeiras numeradas pintadas de azul e a geral coalhada de gente. Visão deslumbrante!

Quando chegava em cima da hora e dava de cara com as torcidas, mesmo as dos adversários, acendendo fogos de artifícios e balões (havia disputa de quem soltava balão mais alto e, se ele passasse da marquise, era festejado pelos torcedores como se fosse um gol, um sinal de boa sorte; mas, se lambesse em chamas ou batesse na marquise, a torcida adversária vibrava), jogando para cima confete e serpentina, agitando bandeiras, entoando cânticos e músicas, eu não segurava as lágrimas.

Morria de ciúme dos torcedores dos times grandes com torcida muito maior do que a nossa. Tremenda dor de cotovelo. Apenas o Botafogo tinha um pouco mais. Com os vascaínos, a inveja era em dobro. Eles tinham Ramalho!

Sim, Ramalho, o estivador Domingos do Espírito Santo, que, de boné na cabeça, surgia na arquibancada tirando som forte de um comprido talo de mamona como se fosse de um clarim, fazia a torcida

O torcedor carioca andava de nariz em pé, não apenas pelo número de campeões mundiais ao seu dispor, mas por poder assistir aos jogos dos seus times no Maracanã, o maior estádio do mundo, privilégio para quem vivia na Cidade Maravilhosa, o que provocava dor de cotovelo em torcedores mundo afora. O monumental estádio, que consumiu na construção 195 mil pregos, 11 mil operários, 500 mil sacas de cimento (que empilhadas dariam dois Pães de Açúcar) e 10 mil toneladas de vergalhões (que unidos uns aos outros dariam uma volta e meia em torno da Terra) completava 10 anos de vida (construído a toque de caixa para sediar a Copa de 1950) e transformara-se em cartão-postal da cidade com o Cristo Redentor e o Pão de Açúcar.

vascaína vibrar, desfraldar bandeiras com a Cruz de Malta e entoar gritos de "Casaca, Casaca, a turma é boa, é mesmo da fuzarca, Vasco, Vasco".

O estádio inteiro murmurava: "Chegou o Ramalho!" Era de arrepiar!

Além de Ramalho, o Vasco tinha Dulce Rosalina, a primeira mulher a comandar uma torcida organizada. Ela introduziu o uso de papel picado jogado para cima na hora de o time entrar em campo, o que dava um colorido especial à torcida vascaína.

Com a torcida do Flamengo, não era diferente.

A chegada à arquibancada da Charanga do Jaime de Carvalho, com trombones, trompetes e instrumentos de percussão, também causava arrepios nos adversários. Como uma bandinha de carnaval, entoando marchinhas e os músicos uniformizados com camisas do Flamengo, a Charanga incendiava o Maracanã enquanto os torcedores cantavam "Flamengo, Flamengo, tua glória é lutar, Flamengo, Flamengo, campeão de terra e mar", *refrão do hino rubro-negro composto por Paulo de Magalhães.*

Quando jogavam Vasco x Flamengo, o Clássico dos Milhões, o confronto das duas torcidas era espetacular!

Djalma, zagueiro do América

ORGULHO TIJUCANO

A segunda partida pelo campeonato foi contra o Olaria, quinta-feira à tarde, 4 de agosto, em Campos Sales, quatro dias depois da entusiasmante vitória sobre o Vasco. Meu pai pediu, na caderneta, autorização para eu sair do colégio mais cedo. Os padres não gostaram, mas não tinham o que fazer, liberaram-me. Evidente que o motivo apresentado não foi o de assistir a um jogo de futebol.

A Tijuca, a parte tijucana pertinho da Praça da Bandeira, estava engalanada. Brotava gente da Mariz e Barros (militar da famigerada Guerra do Paraguai) por um lado e da Haddock Lobo (famoso médico português) de outro, ruas paralelas entre o acanhado estádio por onde circulavam os bondes, lotações e ônibus. Quem vinha de trem, podia descer na Praça da Bandeira e seguir um pequeno trecho a pé até Campos Sales.

Torcedores portavam bandeiras, vestiam camisas do clube, cantavam o hino do Lamartine, Hei de torcer até morrer!, *a marchinha* Me dá um dinheiro aí, *gravada por Moacyr Franco, que aproveitou o bordão que usava como mendigo no programa* A Praça da Alegria, *na TV Rio, e os sambas-enredos da Portela, Salgueiro, Mangueira, Império Serrano e Unidos da Capela, as campeãs do carnaval. Os bares ao redor da Praça Afonso Pena desde cedo tinham intenso movimento. Havia um não disfarçado orgulho tijucano de ter um time do bairro disputando o campeonato mais famoso do país.*

Da varanda do apartamento, assistindo à algazarra dos torcedores, eu me empolguei. Vesti rapidamente a camisa do America, presenteada pelo avô Zé Reis, e corri para o estádio para não perder nenhum detalhe. Por ser realizado à tarde, o jogo não teve preliminar por causa do calor e também para não atrasar a partida principal. O estádio não possuía refletores.

O entusiasmo da torcida se justificava pela vitória por 1 a 0 sobre o Vasco, quando o time jogou bem e mereceu vencer. E assim entrou em campo ovacionado, com rojões explodindo, bandinha tocando marchinhas e gritos de incentivo. Eu chorava de emoção agarrado ao meu pai.

Fazia tempo que o America não jogava em Campos Sales; a última vez fora em dezembro do ano anterior, vitória por 3 a 1 sobre o Bonsucesso. O retorno das partidas ao estádio era motivo de regozijo.

A rodada começou um dia antes com o Fluminense, que derrotara o Botafogo na estreia, goleando o Canto do Rio por 5 a 0 no Maracanã, mostrando-se firme na luta pelo bicampeonato. E também com vitórias dos grandes: Botafogo 3 a 0 na Portuguesa e Flamengo 2 a 1, suado, no Bangu.

*

Campos Sales (sobrenome de Manoel Ferraz, paulista de Campinas, que governou o Brasil de 1898 a 1902 e, na saída do governo, levou tremenda vaia do Palácio do Catete até a estação de trens da Central, quando pegou o trem de volta para São Paulo) virou estádio de verdade, com arquibancadas de cimento, estrutura para a imprensa e

A primeira partida que o America disputou em Campos Sales foi em 1911, vitória por 3 a 1 sobre o Rio Cricket, ainda um estádio precário, com algumas poucas arquibancadas de madeira, cercado com zinco e um barracão servindo de vestiário. Pouco depois, o America recebeu a visita do Clube Atlético Paulistano para a realização de amistoso, terminado com empate por 1 a 1, gols dos visitantes marcado aos 5 minutos de jogo pela grande estrela do time, Arthur Friedenreich, El Tigre, o primeiro grande jogador do futebol brasileiro. Aos poucos, o estádio ganhou melhorias aqui e ali e serviu de palco para os jogos decisivos de 1916, 1928 e 1931, três dos seis títulos, até então, do clube tijucano; os outros foram em 1913, 1922 e 1935.

vestiários mais apropriados em 1952. Houve festa de inauguração em 29 de junho com partida amistosa contra o Vasco, vitória dos donos da casa por 1 a 0, gol do centroavante Manuel Pereira, o Leônidas da Selva, atacante negro, fortão, extremamente raçudo, que por não possuir técnica refinada como o xará da Silva, ganhou o apelido, criado pelo irreverente jornalista Sandro Moreyra.

Ele atuou por quase uma década com a camisa do America e encerrou a carreira em 1959. Fez parte do ataque do clube, talvez o mais famoso em todos os tempos: Canário, Romeiro, ele, Alarcon e Ferreira, vice-campeões em 1954 e 55. O outro ataque foi o "tico-tico no fubá", no final dos anos 1940, formado por China, Maneco (o grande Saci de Irajá e o maior jogador da história do clube), César, Lima e Esquerdinha, que preferia driblar pra lá e pra cá em vez de chutar para o gol.

Leônidas virou folclore por ter marcado um gol plantando bananeira em uma excursão do America pela Turquia. E era a cara do Gregório Fortunato, o "Anjo Negro", chefe da guarda pessoal do Getúlio.

O que diferenciava o estádio em Campos Sales de todos os outros da cidade era um morro, enorme barreira de terra atrás do gol contrário à entrada da sede. Sem pagar ingresso, dezenas de torcedores instalavam-se ali durante as partidas. A diretoria tentava impedir. O pessoal arranjava um jeitinho de entrar pelo Santuário da Medalha Milagrosa ou pelo Hospital São Vicente de Paulo, mantidos por freiras Vicentinas, construções vizinhas ao estádio, separadas por um mal-ajambrado muro.

O morro ficou apinhado de torcedores para assistirem ao jogo contra o Olaria!

O time americano, com a mesma escalação que venceu o Vasco, não jogava bem. Mesmo assim, marcou dois gols na primeira fase, graças às falhas do goleiro Antoninho, que fez gol contra em chute forte do Nilo, ponta-esquerda, e deu o outro de bandeja para o xará atacante do America chutar para o fundo das redes.

O segundo tempo foi um sufoco, o time da Rua Bariri voltou com tudo. O goleiro Ari estava bem, mas não evitou o gol do Olaria, marcado pelo ponta Válter. Mesmo assim, a torcida americana gostou, porque o time conseguiu dois pontos sobre a agremiação de camisa azul e branco e faixa celeste no peito.

*****America 2 x 1 Olaria*****

Local: Rua Campos Salles

Juiz: Manuel Machado

Auxiliares: Aníbal dos Santos e Arlindo Elói de Andrade

Renda: Cr$ 145.990,00

Público: 2.239 (cadeiras: 137, gerais: 2.085, numeradas: 17)

Gols: Nilo 23’ e Antoninho 27’, Válter 68’

America: Ari; Jorge, Djalma Dias, Leônidas e Ivan; Wilson Santos e João Carlos; Calazans, Quarentinha, Antoninho e Nilo. Técnico: Jorge Vieira

Olaria: Antoninho; Murilo, Sérgio, Haroldo e Casemiro; Nélson e Renato (Danilo); Válter, Tião, Jaburu e Drumond. Técnico: Délio Neves

● O ponteiro Nilo prefere que ninguém acredite no quadro rubro, para êle correr por fora . . .

O goleiro Ari

ZONA DA LEOPOLDINA

A terceira rodada do campeonato apontava para domingo, 7 de agosto, partida contra o Bonsucesso, um dos dois times da Leopoldina (o outro era o Olaria), no Estádio Leônidas da Silva, na Rua Teixeira de Castro.

Fui junto com a turma com quem jogava futebol na sede de Campos Sales. Uma farra! Era a primeira vez que andava de trem na cidade. Havia viajado apenas para Rio das Flores, interior fluminense, divisa com Minas, para visitar meus avós, que moravam na Fazenda da Forquilha.

Fomos a pé da Praça Afonso Pena até um pouco depois da Praça da Bandeira, e lá, na belíssima Estação Barão de Mauá, pegamos o trem ramal Leopoldina, que tinha paradas, além de Bonsucesso, em Ramos, Olaria, Penha, Cordovil, Brás de Pina, Parada de Lucas e Vigário Geral, não necessariamente nesta ordem.

O Bonsucesso, dirigido pelo veterano Gradim, ex-craque do clube e campeão como técnico do Vasco no *super-super* de 1958, perdeu na estreia por 2 a 0 para o Olaria e venceu em seguida a Portuguesa por 3 a 2.

America e Bonsucesso não se bicavam. E o responsável foi Leônidas, o "Diamante Negro", um dos maiores craques de todos os tempos do futebol brasileiro e artilheiro da Copa de 1938, na França, que dá nome ao estádio do rubro-anil.

O imbróglio vem de longe, precisamente de 1931, quando o clube tijucano, então campeão carioca, tentou reforçar o seu elenco tirando do rubro-anil Leônidas da Silva, o craque revelação de 18 anos, um dos integrantes dos "leões leopoldinenses", como eram chamados os jovens do Bonsucesso.

Leônidas chegou a assinar um contrato, voltou atrás e a torcida americana jamais o perdoou. A ira com Leônidas foi tão grande que os jogadores do America se retiraram de um treino da Seleção Carioca quando ele apareceu e exigiram o desligamento do jovem atacante, o que aconteceu.

Na temporada seguinte, 1932, em Campos Sales, durante uma partida pelo Campeonato Carioca, o goleiro do America, Sílvio Pacheco, desferiu um soco no rosto de Leônidas sob alegação de que ele botou a mão sobre o calção e fez gesto obsceno para os torcedores americanos que estavam nas arquibancadas de Campos Sales. A partida foi interrompida e um associado americano invadiu o campo para tomar satisfação com o craque. O America exigiu que Leônidas fosse retirado de campo. E ele deixou o gramado, atendendo ao pedido do técnico Gentil Cardoso, deixando o Bonsucesso com 10 homens.

A partida foi equilibrada na primeira etapa "e depois de um empate nos 45 minutos iniciais que não dava segurança de um resultado satisfatório, o placard de 3 a 1 registrou fielmente as ações do gramado",

registrou A Vida do Crack, edição do campeão.

Nem a pequena torcida rubro-anil cantando sem parar o hino de Lamartine Babo, americano doente, autor de todos os hinos dos clubes do Campeonato Carioca, inclusive do Canto do Rio, de Niterói, assustou o time americano. O grande Leônidas é lembrado no hino:

Para a torcida rubro-anil
Palmas eu peço (clap! clap!)
Na Leopoldina em cada esquina
Quem domina é o Bonsucesso
Lá surgiu um jogador sensacional
Surgiu Leônidas, o maioral!
Quando a turma joga em casa
A linha arrasa
Que baile... Que troça!
A torcida grita em coro
Não há choro
A vitória hoje é nossa

Três jogos, três vitórias, líder do campeonato. Flamengo, Botafogo e Vasco haviam perdido pontos. O jogo seguinte era contra o campeão Fluminense, também na liderança. A dúvida perturbava: estaríamos prontos para enfrentá-los?

*****Bonsucesso 1 x 3 America*****

Local: Teixeira de Castro

Juiz: Frederico Lopes

Auxiliares: Dorival Tavares e Aníbal dos Santos

Renda: Cr$ 131.790,00

Público: 1.900 (cadeiras: 199, arquibancada: 1.698, gerais: 3)

Gols: Quarentinha, 10’; Artoff, 12’; Quarentinha, 59’; Antoninho, 86’

Bonsucesso: Zé Tainha; Pipi, Severiano e Beto; Adelino e Mirinho; Augusto, Artoff, Alecir, Manuel e Quincas. Técnico: Gradim

America: Ari; Jorge, Décio e Ivan; Wilson Santos e Djalma; Calazans, Antoninho, Quarentinha, João Carlos e Nilo. Técnico: Jorge Vieira

ANTONINHO

CONTRA O CAMPEÃO

Seria a primeira vez que assistiria ao vivo, no Maracanã, a uma partida do meu primeiro time contra o atual, porque torcia para o Fluminense. Resistia em assistir ao embate entre os dois, mas, animado com as conversas lá do bar e as vitórias sobre Vasco, Olaria e Bonsucesso, fui ao jogo em 14 de agosto, torcer pela recente paixão: o time do lindo uniforme vermelho e branco, o America da Tijuca, o bairro querido.

Tinha oito anos quando nos mudamos - meu pai e minha irmã de colo e eu - do Catumbi para a Tijuca, precisamente para a Rua Afonso Pena, pertinho da casa onde o extraordinário cantor Mário Reis passou a infância e a juventude, e cujo pai, Raul Reis, foi presidente do America nos anos 1920.

No prédio baixinho – o apartamento ficava no terceiro e último andar –, a visão da varandinha fixou-se na memória para sempre: uma enorme bandeira vermelha no mastro da sede de Campos Sales dava a impressão de que acenava especialmente para mim, sugerindo afetuoso gesto de boas-vindas.

Torcia para o Fluminense porque ganhara lindo escudo do clube de um compadre do tio Vicente, irmão do meu avô materno. O nome dele era Laís, que jogou no meio-campo tricolor, foi tricampeão carioca em 1917/18/19 e vivia distribuindo penduricalhos para incentivar a criançada a torcer pelo tricolor. Eu ficava prosa ao usá-lo preso na camisa com as cores grená, verde e branco.

Na Tijuca virei a casaca! Virei America!

O campeão Fluminense, invicto, goleou o Canto do Rio por 5 a 0 e a Portuguesa, 4 a 1, e possuía o melhor ataque. O maior feito foi a vitória por 1 a 0 na rodada inaugural sobre o poderoso Botafogo, com quatro campeões do mundo. E tinha o centroavante Valdo em grande forma, artilheiro do campeonato com quatro gols. Sem esquecer que, no início do ano, o tricolor conquistou o torneio Rio-São Paulo com apenas uma derrota. O clássico metia medo na torcida americana. Enorme apreensão!

Jorge Vieira, apesar de jovem, foi treinador tampão do Fluminense em 1958, antes do atual Zezé Moreira chegar às Laranjeiras, e também treinador interino do America, quando o húngaro Gyula Mándi, um dos técnicos da sensacional seleção vice-campeã do mundo de 1954, foi mandado embora por ter fracassado em Campos Sales. Ele era respeitado por ser estudioso e se relacionar muito bem com os jogadores, muitas vezes mais velhos do que ele. Jorge Vieira conhecia como poucos a intimidade dos dois clubes.

Os torcedores antigos do America se lembravam da cizânia ocorrida entre americanos e tricolores logo após a conquista do primeiro título rubro em 1913, quando um grupo numeroso de associados e jogadores, entre eles Marcos Carneiro de Mendonça, o primeiro grande goleiro do futebol brasileiro, transferiu-se para o Fluminense, rompido com a diretoria e com o ídolo Belfort Duarte, capitão do time campeão.

Entre os jogadores estava Carlos Alberto, que no America jogava no segundo time e ninguém reparava que ele era mulato. "No Fluminense", explica Mário Filho, "foi para o primeiro time e ficou em exposição maior. Tinha que entrar em campo, correr para o lugar mais cheio de moças na arquibancada. Era o momento que ele mais temia. Preparava-se para ele, por isso mesmo, cuidadosamente, enchendo a cara de pó de arroz, ficando quase cinzento. Não podia enganar ninguém, chamava até mais a atenção. O cabelo de escadinha ficava mais escadinha, emoldurando o rosto, cinzento de tanto pó de arroz.

Quando o Fluminense ia jogar contra o America, a torcida de Campos Sales caía em cima de Carlos Alberto: 'Pó de arroz! Pó de arroz!'"

"O placard foi construído no primeiro tempo. Escurinho aos 25' venceu Ari, enquanto João Carlos consignava sensacionalmente o tento do empate, emendando com maestria uma bola atrasada por Antoninho. A pelota saiu de baixo para cima, com violência, indo estufar as rêdes de Castilho.

Resultado justo este do primeiro tempo. No período complementar, todavia, voltou o America a apresentar-se melhor, sem conseguir, porém, alterar o marcador. Quarentinha ainda mandou uma bola ao fundo do goal, mas o bandeirinha Francisco Ferreira indicara posição irregular do atacante rubro, marcação endossada por Malcher.

O empate fêz jus com que rubros e tricolores se mantivessem juntos em primeiro lugar, ambos invictos."

A Vida do Crack, edição do campeão

*****Fluminense 1 x 1 America*****

Local: Maracanã

Juiz: Alberto da Gama Malcher

Auxiliares: Mario Silva Ribeiro e Francisco Ferreira

Renda: Cr$ 1.178.060,00

Público: 36.827

Gols: Escurinho, 69’ e João Carlos, 82’

Fluminense: Castilho; Jair Marinho, Pinheiro e Altair; Clóvis e Edmilson; Maurinho, Paulinho, Valdo, Telê e Escurinho. Técnico: Zezé Moreira.

America: Ari; Jorge, Djalma Dias, Décio e Ivan; Wilson Santos e João Carlos; Calazans Quarentinha, Antoninho e Nilo. Técnico: Jorge Vieira.

CASA ROSA

O visual das ruas cariocas começava a se alterar com a fabricação dos carros nacionais Volkswagen, Willys, Vemag, Simca, FNM, GM e até da minúscula Romi-Isetta, o automóvel mais exótico fabricado no país. Quem fazia sucesso eram as lambretas, motoneta italiana montada no Brasil, de rodas pequenas e motor escondido.

Meu pai possuía um Ford Prefect, carro inglês de quatro portas, que fervia como o diabo na Serra quando viajávamos para Petrópolis. Os pequenos carros, como o Prefect, o Morris, o Austin e o Citroën, eram muito mais baratos do que as imensas banheiras americanas.

Ir da Zona Norte para a Zona Sul, um sufoco. Para quem não quisesse passar pelo centro da cidade, a única via possível era o túnel Rio Comprido-Laranjeiras, conhecido como o da Rua Alice, onde, no número 500, reluzia o maior *rendez-vous* da cidade, a Casa Rosa.

O lindo e espaçoso casarão, pintado de rosa, chamava a atenção. Não havia quem na cidade não soubesse que ali funcionava o badalado prostíbulo, frequentado por políticos e gente famosa. Era o bordel de luxo mais famoso do Brasil. Havia, inclusive, um portão escondido entre o segundo e o terceiro andar para os clientes que não queriam ser vistos entrando lá.

Quando a gente passava de carro, meus pais faziam silêncio, bico calado, nenhuma palavra sobre a Casa Rosa. Eu também não dizia nada, fingia que não sabia.

A camada mais pobre da população batia ponto na zona de meretrício no Mangue, imenso corredor de casas vizinhas à Avenida Presidente Vargas, centro da cidade. Falava-se em mais de 20 bordéis que abrigavam quase duas mil prostitutas.

Aos 13 anos, virgem, não frequentava nem a Casa Rosada nem a zona do Mangue, mas ouvia histórias de gente mais adulta que se gabava de frequentar esses lugares. E, como prova - vejam só! - diziam ter contraído doenças venéreas, como gonorreia e cancro, com as prostitutas.

Parte das ruas transversais do Mangue, à margem do centro do Rio, foi sendo destinada, desde fins do século XIX, ao confinamento das prostitutas das classes mais baixas. Iniciava-se o controle da prostituição e sua regulamentação por parte do Estado, na tentativa de restringi-la a áreas designadas à prostituição tolerada. Em 1920, a polícia foi encarregada de "limpar" a cidade para a visita dos reis da Bélgica: as prostitutas foram presas por vadiagem e depois alojadas em bordéis em nove ruas transversais do Mangue. Constituiu-se, então, um sistema não oficial pelo qual a polícia registrava os trabalhos do sexo e intervinha na administração dos bordéis. Fixou-se, assim, essa zona de baixo meretrício.

Renato Cordeiro Gomes

CLÁSSICO BISAVÔ

Chegara a hora de enfrentar o Bangu no Maracanã, o meu segundo time por influência de tio Orlando, casado com Alaíde, irmã de meu pai. Homem culto, educado, juiz de direito e professor de português, torcia pelo Bangu porque nasceu no mesmo bairro do clube. Sempre que ia a sua casa, no Leblon, em almoços organizados por ele para a família, a conversa sobre o Bangu era obrigatória.

Tio Orlando gostava de desfilar os grandes craques da história do clube. Além, evidentemente, do Divino Domingos da Guia e seu irmão Ladislau, Zizinho, o Mestre Ziza, citava com orgulho Nívio (ponta-esquerda que veio de Minas), Moacir Bueno (atacante), Mirim (centromédio) e Décio Esteves, que jogava em quase todas as posições.

O Bangu vinha cheio de banca porque, no ano anterior, foi vice-campeão junto com o Botafogo, campeão carioca de juvenis e acabara de conquistar o título da American Challenge Cup, em Nova York, sem perder uma partida sequer para fortes equipes do mundo inteiro (Sampdoria, Estrela Vermelha, Rapid de Viena e Sporting, entre outros). Para disputar a importante competição e faturar um bom dinheiro, o clube alvirrubro abriu mão de jogar as primeiras rodadas do Campeonato Carioca com o time titular. Havia exigência dos organizadores de que as equipes jogassem com suas forças máximas. Fluminense, campeão carioca; Palmeiras, campeão paulista; e os vices Botafogo e Santos não se dispuseram a jogar as rodadas iniciais dos campeonatos com os times reservas. Sobrou o convite para o Bangu.

Contra o America, em 21 de agosto, o Bangu entrou em campo com a equipe titular, comandada pelo técnico Tim, o que aconteceu na rodada anterior com a vitória por 3 a 0 sobre o Bonsucesso. Nas três primeiras rodadas, com os reservas – em que se destacava o jovem atacante Bianchini –, o Bangu perdeu para Madureira e Flamengo e empatou com o São Cristóvão. A ausência sentida era a do jovem meia Ademir da Guia, contundido.

"Mesmo sem cumprir uma atuação excepcional, apresentando-se razoàvelmente bem no prélio contra o Bangu - que retornava campeão do Torneio Internacional de Nova Iorque, o America fêz jus - senão à vitória, pelo menos a um empate. Perdeu de 1 a 0 como poderia ter logrado o triunfo. Em verdade, a pressão exercida pelos rubros na fase final do match justificaria plenamente que seus esforços fossem coroados com um goal. Mas Ubirajara fechou a meta e a vitória pela contagem mínima não foi alterada.

O tento que marcou a derrota do America foi assinalado por Zózimo aos 17 minutos do primeiro tempo, após uma confusão tremenda à porta do goal de Pompéia, que reapareceu bem. Depois do jogo, os jogadores do America lamentaram a quebra da invencibilidade e a falta de sorte."

A Vida do Crack, edição do campeão

O confronto entre America e Bangu é chamado de Clássico Bisavô porque os dois são dos mais antigos clubes da cidade do Rio de Janeiro, ambos de 1904, sendo o da Zona Oeste o mais velho por apenas cinco meses. E realizaram o primeiro clássico da cidade em 6 de agosto de 1905, com vitória do Bangu por 6 a 1, diante de 405 espectadores espalhados pelo jardim da fábrica. O Clássico Vovô, entre Botafogo e Fluminense, foi disputado também em 1905, em 22 de outubro, no campo do tricolor na Rua Guanabara.

Alguns historiados e pesquisadores afirmam que os primeiros a jogar futebol no país foram alguns britânicos, antes mesmo de Charles Miller, entre eles Thomas Donohoe, que chegaram ao bairro de Bangu na última década do século XIX para trabalhar na Companhia Progresso Industrial do Brasil, mais tarde a fábrica de tecidos Bangu.

Durante anos os dois clubes disputaram acirrada luta para ser a quinta maior torcida da cidade, com nítida vantagem do America, que até 1960 já havia conquistado seis títulos (1913, 16, 22, 28, 31 e 35), enquanto o Bangu apenas um, em 1933.

E a torcida do Bangu deixou o Maracanã entoando o hino do Lamartine, a marcha rancho que diz:

"O Bangu tem também a sua história, a sua glória
Enchendo seus fãs de alegria,
De lá pra cá
Surgiu Domingos da Guia..."

*****America 0 × 1 Bangu*****

Local: Maracanã

Juiz: Alberto da Gama Malcher

Auxiliares: José Vieira Menezes e Lino Teixeira

Renda: Cr$ 410.154,00

Gol: Zózimo, 17’

America: Pompéia; Jorge e Djalma; Wilson Santos, Décio (Jailton) e Ivan; Calazans, Antoninho, Quarentinha, João Carlos e Nilo. Técnico: Jorge Vieira

Bangu: Ubirajara; Joel e Darci Faria; Ananias, Zózimo e Nilton; Correia, Zé Maria, Décio Esteves, Válter e Beto. Técnico: Tim.

ANO OLÍMPICO

Além do futebol, da transferência para Brasília, do crime hediondo da Fera da Penha e das eleições, o assunto eram as Olimpíadas, disputadas em Roma, com o Brasil levando uma delegação de 81 pessoas (80 homens e uma única mulher, Wanda dos Santos, atleta dos 80 metros com barreiras). A expectativa de medalha se resumia à equipe de basquete masculino, campeã do mundo no Chile no ano anterior.

Eu jogava no time infantojuvenil americano de basquete. Antes de viajar para Roma, os jogadores da Seleção Brasileira, comandada pelo famoso Togo Renan Soares, o Kanela, treinaram no America. Avisaram-me em casa e fui correndo vê-los em ação. Os campeões Wlamir, o "Diabo Louro", e Amaury eram os meus ídolos, assim como Zezinho, que, junto com os dois craques paulistas, foi campeão mundial.

Zezinho jogava pelo Tijuca Tênis Clube e tinha pinta de galã. Por ser ali do bairro, eu costumava ver os seus jogos. Excelente arremessador, muito ágil, foi um dos poucos jogadores cariocas convocados pelo Kanela. Tentava imitá-lo, jamais consegui. Sempre que jogava, Zezinho contava com a torcida da bela Dóris Monteiro, namorada dele, rainha do rádio em 1956 e 57, famosíssima cantora e atriz de cinema.

O excepcional Adhemar Ferreira da Silva, bicampeão olímpico do salto triplo em Helsinque (1952) e Melbourne (1956), foi o porta-bandeira, mas as chances dele de ganhar medalhas eram poucas porque estava prestes a encerrar a vitoriosa carreira.

O destaque do esporte brasileiro, sem que ninguém assistisse às suas partidas ao vivo, apenas dias depois em filmes, era a jovem paulistana Maria Esther Bueno, de 20 anos, que venceu o bicampeonato de simples na grama sagrada de Wimbledon, o *grand slam* de duplas na Austrália, Roland Garros, Aberto dos EUA e também em Wimbledon. Um fenômeno! Outro feito batuta foi o do paulistano Éder Jofre que, ao vencer o argentino Ernesto Miranda, sagrou-se campeão sul-americano dos pesos-galos.

Competindo em 14 modalidades, o Brasil não se deu bem nas Olimpíadas de Roma, a primeira a ter transmissão transcontinental pela TV. Voltou com duas medalhas de bronze: a esperada do basquete masculino campeão do mundo e a de Manoel dos Santos, nadador de Guararapes, interior de São Paulo, nos 100 metros livres.

O basquete venceu seis partidas e foi derrotado apenas pelos EUA e pela Rússia, campeão e vice. Wlamir, Amaury, Algodão, Rosa Branca e Edson Bispo jogaram demais e foram muito festejados. Manoel dos Santos, que competiu gripado, por um descuido na virada perdeu o ouro por dois segundos.

Outros destaques foram o velejador paulista Reinaldo Conrad, quinto colocado na classe finn, *e o ciclista de Araraquara Anésio Argenton, que fisgou o quinto lugar na prova de velocidade e o sexto nos mil metros contra o relógio.*

Na seleção de futebol sobressaíram-se Roberto Dias, do São Paulo, e Gerson, do Flamengo, no meio--campo. O time venceu a Inglaterra na estreia, mas foi eliminado pela Itália.

Wanda dos Santos não obteve índice para seguir adiante na prova dos 80 metros com barreiras. Na classificação geral, o Brasil terminou em 29º. A União Soviética ficou com 103 medalhas (45 de ouro) e os Estados Unidos com 71 (34 de ouro).

JOGO DOS GOLS CONTRA

O adversário pela 6ª rodada, em 27 de agosto, era o São Cristóvão, último colocado, o saco de pancadas. Fui a pé com um grupo de torcedores que saiu da sede de Campos Sales em boa caminhada até o estadiozinho de Figueira de Melo, vizinho de São Januário, campo do Vasco, atravessando a exuberante Quinta da Boa Vista, ao lado do Maracanã, parque de mais de 150.000 m^2, que abrigou a família imperial entre 1822 e 1889. No local viveram Dom João VI, Dom Pedro I, a Imperatriz Maria Leopoldina e Dom Pedro II.

O time parecia abalado pela derrota, pela quebra da invencibilidade diante do Bangu e não jogou rigorosamente nada. Nem mesmo a estreia do volante Amaro, jovem que veio da cidade de Campos dos Goitacazes, ajudou. A torcida terminou o primeiro tempo desiludida, acreditando que iria se repetir a velha história do "nada, nada e morre na praia". E com o gol contra do lateral esquerdo Ivan, aos 5 minutos do segundo tempo, o desânimo aumentou.

Mas, graças a dois gols contra, um de Azeitona e outro de Osmindo, o America virou o jogo para cima da agremiação cadete. Foi a pior atuação do time dirigido por Jorge Vieira. O jogo não foi sopa, não!

O São Cristóvão é conhecido por Clube Cadete porque nele os jovens militares dos quartéis vizinhos praticavam educação física. A histórica gravação que Sílvio Caldas fez, em 1950, da Marcha do São Cristóvão (adotada como hino), pela gravadora Continental, em 78 rpm, composta por Lamartine Babo, tem um arranjo meio marcial, é executada aparentemente por uma banda e indica que a intenção foi refletir, na música, o perfil militar da agremiação. Na letra, Lamartine homenageia João Cantuária, ídolo do clube vítima da gripe espanhola em 1918, e cita até Dom Pedro II:

"És de um bairro cuja história
Tem valor profundo
Bairro ditoso de Dom Pedro II".

Pesquisa no final dos anos 1950 apontava o Clube Cadete como a sétima torcida da cidade, atrás de America e Bangu. Um dos orgulhos do São Cristóvão, campeão carioca de 1926, foi ter dois jogadores, Afonsinho (meia) e Roberto (atacante), disputando pela Seleção Brasileira a Copa de 1938, terceira colocada no certame, realizado na França. O segundo até marcou um gol no certame.

*****São Cristóvão 1 x 2 America*****

Local: Figueira de Melo

Juiz: Wilson Lopes de Sousa

Auxiliares: José Vieira Menezes e Antônio Gomes Moreira

Renda: Cr$ 168.130,00

Gols: Ivan (contra), 4'; Azeitona (contra), 65' e Osmindo (contra), 77'

Expulsões: Medeiros, Expedito e Calazans

São Cristóvão: Pichau; Nélson, Renato, Medeiros e Osmindo; Azeitona e Geraldo II; Valdir, Expedito, Russo e Olivar.

Técnico: Valdir Nunes

America: Pompéia; Jorge, Djalma Dias, Wilson Santos e Ivan; Amaro e João Carlos; Calazans, [illegible] Quarentinha, Antoninho e Nilo.Técnico: Jorge Vieira

CRAQUES LÁ FORA

A torcida americana comemorou como se fossem vitórias do America as conquistas do Real Madrid na Taça dos Clubes Campeões, goleando impiedosamente o Eintracht Frankfurt por 7 a 3, e, na sequência, na Copa Intercontinental, sapecando 5 a 1 no Peñarol, pelo simples fato de o ponta-direita Canário, vendido um ano antes para o time merengue, ter jogado como titular, formando ataque arrasador ao lado de Del Sol, Di Stéfano, Puskas e Gento.

Mas não era apenas Canário que se dava bem na Europa.

Evaristo de Macedo, ídolo do Flamengo, fazia chover no Barcelona ao lado dos craques húngaros, Kubala e Kocsis, e do espanhol Suárez; "O Arquiteto" sendo campeão espanhol e artilheiro do time. Os ex-botafoguenses Dino da Costa (Roma) e Luís Vinícius (Napoli) se destacavam na Itália; Altafini brilhava no Milan, e nosso Mazzola também tinha seu lugar de destaque. O atacante Del Vecchio, ídolo do Santos, fazia sucesso no Verona e depois no Napoli.

Os campeões mundiais Vavá, o "Peito de aço", no Atlético de Madrid, e Joel, ex-Flamengo e reserva de Garrincha na Suécia, no Valencia, eram destaques na Espanha. O zagueiro Ramiro e o irmão Álvaro, meia ponta de lança, ex-santistas, também vestiam a camisa vermelha e branca e os calções azuis do Atlético. E Walter Marciano, habilidoso meia-armador do Vasco e do Santos, brilhava no Valencia.

Ainda no futebol espanhol, jogavam o paraibano Índio, artilheiro do Flamengo e integrante da Seleção Brasileira na Copa de 1954 na Suíça, no Real Espanyol; o meia Duca, tricampeão rubro-negro em 1953/54/55, no Real Zagaroza; e o atacante Wilson Moreira, filho de Zezé Moreira e centroavante do Vasco, no Real Betis.

Havia os treinadores! Martim Francisco, campeão carioca pelo Vasco em 1956, depois de abandonar o America dias antes das finais em melhor de três de 1955 contra o Flamengo, e criador do sistema 4-2-4, comandava o time basco do Athletic de Bilbao; Oto Glória, o Belenenses; e Oto Vieira, o Porto, time pouco antes dirigido por Yustrich e Flávio Costa.

Julinho - que fez extraordinário sucesso com a malha violeta da Fiorentina, levando o time de Florença a um título inédito do Calcio na temporada 1955/56 - e Didi - que não se deu bem no Real Madrid por se desentender com o craque argentino Di Stéfano - haviam voltado. Didi, inclusive, regressou em meio ao Campeonato Carioca, entrando como titular a partir da quinta rodada, para alegria da torcida do Botafogo.

O calendário do futebol brasileiro era organizado assim: Rio-São Paulo até abril, Seleção Brasileira disputando torneios e excursionando até julho/agosto e, posteriormente, os estaduais.

A Seleção, dirigida por Vicente Feola, fez bonito. Conquistou a Copa Roca contra a Argentina em duas partidas, derrota por 4 a 2 no Monumental de Núñez e vitória por 4 a 1 no Maracanã. Destaques para Dino Sani, como apoiador, e Almir Pernambuquinho, Delém e Roberto (ponta-esquerda) no ataque; curiosamente, os quatro foram jogar na Argentina.

Venceu também a Taça do Atlântico, disputada por Chile, Paraguai e Argentina, com o time mais parecido com o que conquistou a Copa na Suécia, com Pelé e Pepe estraçalhando.

E, em uma excursão pela Europa e África, faturando com o prestígio de campeã do mundo, a Seleção retornou invicta, com seis vitórias – sobre Egito (5 a 0, 3 a 1 e 3 a 0), Dinamarca (4 a 3), Malmö-SUE (7 a 1) e Sporting-POR (4 a 0) – e um empate (2 a 2) com a Internazionale de Milão.

PORTUGUESA, COM CERTEZA

A sétima rodada marcou para sábado à tarde, 3 de setembro, em São Januário, o confronto com a Portuguesa, que vinha toda serelepe porque vencera o Bangu por 2 a 0 no domingo anterior, em Moça Bonita, quando o clube da Zona Oeste fez festa pelo título do torneio de Nova York. E antes vencera Bonsucesso e São Cristóvão. Não era um jogo mixa, não!

A Portuguesa é fruto da inveja de comerciantes portugueses do Rio de Janeiro que, ao saberem da fundação por patrícios do ramo da sacaria de um time chamado Portuguesa, em Santos, decidiram fundar uma versão carioca do clube. A Lusa, como passou a ser chamada, era um time cigano.

Intimada pela Federação a ter um campo oficial, o clube arrendou o Estádio Serafim Sofia, na Zona Oeste, no distante subúrbio de Cosmos, entre Campo Grande e Santa Cruz, pertinho do bairro de Paciência, onde o time do Rosita Sofia realizava seus jogos pelo campeonato semi-amador do Departamento Autônomo, uma espécie de Segunda Divisão. O time rubro-verde, porém, quase não mandava os seus jogos lá, tendo, inclusive, utilizado durante um bom tempo o estádio do America, em Campos Sales, como sua casa.

E, por ter sido promovida como time profissional somente em 1953, a Portuguesa era o único time do Campeonato Carioca a não ter hino composto por Lamartine Babo. Os outros 11 clubes, inclusive o Canto do Rio, de Niterói, vangloriavam-se de ter hinos de autoria do Lalá.

"Nos primeiros quinze minutos ainda houve um certo panorama de equilíbrio, porém, depois disso os capitaneados por Wilson Santos foram se assenhoreando do jogo até dominá-lo completamente. Observou-se, então, uma superioridade absoluta.

Amaro, João Carlos e Quarentinha eram os grandes nomes do America e Fontoura estreava bem, em lugar de Calazans, suspenso pelo TJD."

A Vida do Crack, edição do campeão

*****America 2 x 0 Portuguesa*****

Local: São Januário

Juiz: Airton Vieira de Morais

Auxiliares: Joaquim Barreira
e Amaro Sousa Gomes

Renda: Cr$ 119.190,00

Gols: Quarentinha, 25' e 45'

America: Pompéia; Jailton, Djalma e
Ivan; Amaro e Wilson Santos; Fontoura,
Antoninho, Quarentinha, João Carlos e
Nilo. Técnico: Jorge Vieira

Portuguesa: Wagner; Luizão, Flodoaldo
e Tião; Antonio e Wilson; Barbosinha,
Pinheiro, Sabará, Hélio e Wellis (Iêdo).
Técnico: Daniel Alves

QUARENTINHA

BAILES DA VIDA

A bossa nova me agarrou logo de cara, com os LPs de Carlos Lyra - *Bossa nova* - e João Gilberto - *Chega de saudade* - lançados no ano anterior. Sylvinha Teles havia me conquistado antes de ser da turma. Adorava ouvi-la cantar *Amendoim Torradinho*, de Henrique Beltrão.

Meu bem
Esse teu corpo parece
Do jeito que ele me aquece, hum
Um amendoim torradinho
Que é tão quentinho

A letra não era exatamente para alguém da minha idade, mas achava uma graça o jeitinho dela falando "amendoim torradinho".

Morria de inveja do amigo Nelsinho, três anos mais velho, que foi ao *show* no anfiteatro da Faculdade de Arquitetura, na Praia Vermelha, no mês de março, quando João Gilberto lançou seu segundo LP, *O amor, o sorriso e a flor*, que estourava nas rádios com *O pato*, *Samba de uma nota só*, *Corcovado* e *Meditação*. Além de João Gilberto, apresentaram-se também Nara Leão, Nana Caymmi e Johnny Alf, vejam só! E até a belíssima Norma Bengell, uma das mulheres mais bonitas do Brasil, que havia lançado um disco cantando o *Oba-lá-lá*, de João Gilberto.

Os bailes tinham música ao vivo, mas nem sempre, a não ser em datas especiais, como aniversário do clube, dia dos namorados e posse de uma nova diretoria, e aí destacava-se Ed Lincoln e seu conjunto. Era quase impossível arranjar uma mesa no salão quando anunciavam meses antes o baile com a presença do rei do sambalanço. Durante o ano, Steve Bernard, pianista romeno radicado no Rio, era quem animava os bailes do America com delicioso conjunto dançante.

Eu não era de dançar. Gostava de observar os casais, paquerar de longe, prestar atenção aos músicos do conjunto de Ed Lincoln - Bebeto Castilho, Wilson das Neves, Durval Ferreira, Humberto Garin - e beber em paz meus cubas-libres.

Quando não havia música ao vivo, os bailes eram animados ao som de discos. Era a vez das orquestras de músicas românticas, como as de Ray Conniff e Percy Faith, ou as mais agitadas: a de mambo do cubano Pérez Prado e a brasileira Românticos de Cuba.

O *rock* fazia sucesso com Elvis Presley, estourando nas paradas com *It's now or never*, e chamando a atenção pela maneira frenética com que dançava e tocava violão elétrico. E também com o exagerado Little Richards cantando *Tutti frutti* e o branquela de pega-rapaz na testa, Bill Haley e seus Cometas, que lotou os cinemas com o filme *O balanço das horas*.

O *twist* tentava se igualar ao *rock* com o dançarino e cantor Chubby Checker. Havia concurso nos fins de semana no ginásio do clube para premiar o casal que melhor dançasse *The Twist*. O calipso, com Harry Belafonte, já conquistara muita gente desde o sucesso de *Matilda* anos atrás.

Nem o *rock* lá de fora nem o *twist* eram a minha praia; o calipso, sim. Gostava de ouvir Sérgio Murilo, o rei do *rock* nacional, sucesso estrondoso com *Marcianita*, ou Celly Campelo, a nossa rainha do *rock*, jovenzinha de Taubaté que se consagrava com *Estúpido Cupido* e *Banho de Lua*, versões de sucessos norte-americanos.

Era fã também de Miltinho, pelo jeito de cantar sambas, e Tito Madi, voz aveludada. E detestava Juca Chaves, um chato de galocha, que estourava nas paradas com *Presidente Bossa Nova*.

Mesmo sem falar nada de inglês, um good morning *e olhe lá, era fã de cantoras e cantores americanos. Adorava Julie London e, principalmente, Peggy Lee, também muito querida por minha mãe. Cantarolava* Fever *a toda hora, grande sucesso dela, mesmo sem saber o que a letra dizia. Achava uma delícia Doris Day cantando nos filmes açucarados. E não suportava ouvir a prodígio Brenda Lee, sempre muito bem colocada nas paradas.*

Frank Sinatra, Ray Charles e Nat King Cole eram meus preferidos. Lá em casa tinha o Come dance with me, *LP fantástico do The Voice. Também influenciado por minha mãe, que, assim como eu, achava o Sinatra o máximo como cantor e ator.*

Nat King Cole me conquistou por vários motivos: cantou no ano anterior no Tijuca Tênis Clube e no Maracanãzinho, lugares perto de casa, gravou músicas em português como Ninguém me ama, As suas mãos *e* Não tenho lágrimas, *e usava um boné que virou moda e eu adorava, além de possuir uma voz única, extraordinária.*

Ray Charles me deixou boquiaberto com as gravações de Georgia on my mind *e* What'd I say *e entrou imediatamente para a minha lista particular dos bambas.*

Gostava também do canadense Paul Anka quando interpretava músicas românticas, e não cantando Diana, *maior sucesso dele, uma canção muito bobinha.* Diana *fez sucesso também em versão cantada por Carlos Gonzaga.*

OUTRO LADO DA BAÍA

Pena que a partida contra o Canto do Rio pela oitava rodada, marcada para sábado à noite, 9 de agosto, foi no Maracanã - bem vazio - e não no estádio de Caio Martins. Era supimpa pegar a barca para Niterói na Praça 15, ver grupos de botos (que a gente chamava de golfinhos) pulando em volta da barca e, em menos de uma hora, saltar no cais e fazer boa caminhada até o estádio niteroiense.

Na volta dos jogos, anoitecendo na Praça 15, meu pai fazia questão de comer na carrocinha do Angu do Gomes antes de seguir para casa. Eu não era fã, curtia o angu de farinha de milho, mas separava os miúdos de boi.

"Embora o placard tenha sido de três a zero, não diz bem das dificuldades por que passaram os jogadores de Campos Sales. Basta dizer que o primeiro tento só saiu aos 30' de partida. E até o segundo goal, aos 17' da segunda fase, o Canto do Rio assediou tenazmente a meta de Pompéia.

O mérito do triunfo cabe a todo o quadro, pois a defesa suportou com valentia a reação dos alvi-celestes e o ataque soube marcar na hora devida para acabar com os constantes sustos.

O America, com três pontos perdidos apenas, vem se constituindo na mais grata surpresa do primeiro Campeonato do Estado da Guanabara."

---------------------A Vida do Crack, edição do campeão

"A permissão para o Canto do Rio disputar o Campeonato Carioca se tornou viável quando um dirigente do America apresentou, em março de 1941, ao Conselho Superior da Liga de Football do Rio de Janeiro um projeto de reformulação da entidade carioca, abordando diversos pontos, entre eles a ampliação do torneio principal de nove para dez clubes. Para essa vaga extra, algumas equipes se candidataram.

Na esteira do projeto viria um decreto permitindo a participação de qualquer clube em um campeonato de outra localidade, caso a sede desta agremiação estivesse dentro de um raio de 35 quilômetros de distância. Foi graças a essa brecha que o recém-profissionalizado Canto do Rio remeteu à LFRJ seu pedido de filiação.

Além do Canto do Rio, também se candidatavam à décima vaga o Andaraí, o Olaria e a Portuguesa - exatamente os três clubes que em 1937 haviam disputado como convidados o primeiro torneio da LFRJ e sido excluídos do certame logo após seu término. Os dois primeiros tinham estádio próprio, embora precisando de reformas. E a Lusa prometia arranjar um.

O Canto do Rio apresentava o estádio em que mandaria seus jogos, batizado Caio Martins (em memória a um jovem escoteiro vitimado por acidente ferroviário, no qual ele próprio ajudara no resgate dos feridos, ocorrido em Minas Gerais em 1938) e com capacidade para 25 mil torcedores. Além disso, como lembrava o editorial do *Jornal dos Sports* de 7 de março, a distância entre Niterói e o Rio era 'menor do que a distância entre o Centro e Bangu'. Com o apoio dos clubes, o Cantusca levou a vaga."

Site Trivela

*****America 3 x O Canto do Rio*****

Local: Maracanã

Juiz: José Gomes Sobrinho

Auxiliares: Jorge Lemos e Derisval Tavares

Renda: Cr$ 147.828,00

Gols: Antoninho, 23'; Nilo, 62' e Ivan, 90'

America: Pompéia; Jorge, Djalma e Ivan; Amaro e Wilson Santos; Calazans, Antoninho, Quarentinha, João Carlos e Nilo. Técnico: Jorge Vieira

Canto do Rio: Itamar (Alberto); Luciano, Almir e Floriano; Mário e Nézio; Célio, Fernando, Zequinha, Ferreira e Jairo. Técnico: Afonsinho

"JOÃO" DO AMÉRICA MUDOU DE NOME: AGORA É IVAN...

FESTA DE ANIVERSÁRIO

A partida do domingo, 18 de setembro, contra o Botafogo, pela nona rodada, coincidiu com a comemoração dos 54 anos do America.

Na sede de Campos Sales houve baile com exigência de traje passeio completo (pegava emprestado um terno de um primo, mas não curtia porque não podia me exibir com os sapatos sob medida do Moreira – lojinha escondida na Rua do Ouvidor –, calça de tergal brilhante e camisa azul-escuro de *ban-lon,* o meu uniforme em festas). Para a alegria dos associados, a música ficou por conta de Ed Lincoln. Os *crooners,* o sambista Pedrinho Rodrigues, o divertido Orlandivo e o romântico Sílvio César revezaram-se nos vocais, empolgando a moçada até de madrugada.

O domingo pela manhã abriu com hasteamento de bandeiras, fogos de artifícios, discursos de diretores, revoada de pombos, tiros de canhão, apresentação da famosa banda dos Fuzileiros Navais, cantoria do hino do Lamartine e distribuição de lanche em saquinhos para os sócios no bar do Seu Ângelo.

Depois da celebração matutina, fomos a pé ao Maracanã assistir ao jogo. O medo era enorme. Do lado botafoguense estavam escalados Nílton Santos, Didi e Garrincha, três campeões do mundo; Zagallo, o outro campeão, que curiosamente deu seus primeiros passos nos juvenis do America, estava contundido. O alvinegro vinha embalado pela goleada por 6 a 0 no São Cristóvão, a maior do campeonato.

"Inferiorizado no marcador na primeira etapa, o America ressurgiu em campo para o período final. Travou-se um duelo sensacional, até que os rubros conseguiram desfazer a diferença, passando à frente no placard. Primeiro com João Carlos em lançamento portentoso para Nilo, que completou com êxito o empate em 1 x 1.

E dois minutos depois, Quarentinha desceu pela direita e centrou para a grande área. João Carlos dominou e atirou violentamente: America 2 x 1.

Finalmente, o grandalhão Genivaldo em cabeçada conseguiu o tento final da partida, fixando o marcador em 2 x 2.

A vitória pendeu para o America, inclusive porque, faltando poucos minutos para terminar o jogo, o juiz Amílcar Ferreira deixou de assinalar pênalti claro de Zé Maria em Nilo.

De toda maneira, empatar com o Botafogo, equipe de categoria e que ostenta craques de primeira grandeza na defesa e no ataque, não era coisa para se desprezar.

João Carlos foi o mais felicitado pela sua estupenda atuação."

A Vida do Crack, edição do campeão

America e Botafogo, entre 1951 e 1959, apareciam empatados nas pesquisas como a quarta maior torcida do Rio de Janeiro, e a rivalidade era grande, com constantes sururus envolvendo os torcedores. A conquista do Campeonato Carioca de 1957 e da Copa do Mundo de 1958, com a participação dos craques botafoguenses Didi, Nílton Santos, Zagallo e, principalmente, do genial Mané Garrincha, foram responsáveis pelo Botafogo passar a perna no America em número de torcedores antes mesmo do final da década de 1950.

O torcedor americano gostava de pegar no pé dos botafoguenses ao lembrar que a maior goleada do America no Botafogo em jogos oficiais, em todos os tempos, foi 11 a 2, em 3 de novembro de 1929. Sem dúvida, uma senhora sapecada!

*****Botafogo 2 x 2 America*****

Local: Maracanã

Juiz: Amílcar Ferreira

Auxiliares: Jorge Lemos e Amaro Souza Soares

Renda: Cr$ 712.111,00

Gols: Didi, 41'; Nilo, 66'; João Carlos, 68' e Genivaldo, 77'

Botafogo: Manga; Cacá, Zé Maria e Chicão; Pampolini e Nílton Santos; Garrincha, Quarentinha, Genivaldo, Didi e Amarildo.

Técnico: Paulo Amaral

America: Pompéia; Jorge, Djalma e Ivan; Amaro e Wilson Santos; Calazans, Antoninho (Décio), Quarentinha, João Carlos e Nilo.

Técnico: Jorge Vieira

O descontentamento de Nilson Santos e a alegria de João Carlos estão espelhados neste flagrante. Aconteceu no último Botafogo x América (2 a 2). João Carlos assinalou o 2.º gol de seu quadro que perdia de 1 a 0 e logo deu mstras de sua vibração, ao contrário de Nilton Santos. Depois os papéis se inverteram...

— É MUITO COM

E

RESPONSABILIZ

● **AMILCAR FERREIRA** fala sôbre o lance do pênalti que o América reclama e afirma que está sempre em paz com a sua consciência

DO
az questão de dizer que é pobre, mas honrado.
JUIZ..

FERA DA PENHA

A imprensa escrita, principalmente a revista semanal *O Cruzeiro*, dos *Diários Associados*, império de comunicação (TV Tupi, Rádio Tupi, *O Jornal*, *A Cigarra*, TV Itacolomi, *Diário da Noite*, *Jornal do Comércio*, *Estado de Minas*, o recém-criado *Correio Braziliense*, *Diário de Pernambuco*, TV Piratini e muitas outras) do folclórico empresário Assis Chateaubriand, o "Chatô", onde se destacava o polêmico jornalista e compositor David Nasser, escolhia a dedo alguns crimes para acompanhar exaustivamente e assim aumentar as vendas de, às vezes, mais de 500 mil exemplares nas bancas.

O caso mais recente, que acontecera já havia dois anos, era o assassinato da estudante mineira Aída Curi, de 23 anos, atirada do alto de um prédio de 11 andares em Copacabana por dois jovens que queriam currá-la. Os assassinos, Ronaldo Guilherme de Souza Castro, de 19 anos e seus indefectíveis óculos escuros - que inacreditavelmente virou moda usá-los -, e o menor de 17 anos, Cássio Murilo Ferreira da Silva, tanto tempo depois, continuavam com destaque nas páginas de *O Cruzeiro*.

Anos antes do assassinato de Aída Curi, um homicídio de enorme repercussão foi o "Crime do Sacopã", nas imediações da Lagoa Rodrigo de Freitas. O Tenente Bandeira, condenado - depois teve a pena revogada - pelo assassinato de Afrânio Arsênio de Lima (baleado dentro de um Citroën preto), que teria um caso com Marina, a namorada do militar, vira e mexe aparecia em reportagens exclusivas na revista.

Surgira um novo assassinato: cruel, absurdo. Neyde Maia Lopes, 22 anos, funcionária da loja de roupas Ducal, com ciúmes do amante, que era casado, fez-se passar por uma vizinha e pegou a filha dele na escola. Perambulou com a criança durante todo o dia e à noite levou a menina Tânia, de quatro anos, a um galpão do Matadouro da Penha, atirou com um revólver calibre 32 na nuca da criança e incendiou o corpo.

Descoberta e presa, Neyde quase foi linchada por mais de 300 pessoas que se aglomeram em frente à delegacia. Foi condenada a 33 anos por sequestro e homicídio. A imprensa batizou o caso de "A Fera da Penha". Além das eleições e da inauguração de Brasília, não se falava de outra coisa na cidade.

TRO VAI APURAR A
TROFE DO CONVAIR
CLASSIFICAÇÃO NA GUANAB
NOS PRÓXIMOS DIAS COM A
NSTRUOSO: CRIANÇA DE
PTADA E ASSASSINADA N
TALÃO": 4 MILHÕES
Fernan

MENGO VAI MAL

A imensa torcida rubro-negra andava com a pulga atrás da orelha com a *performance* do time: cinco pontos perdidos, derrota para o Vasco e empates com Botafogo, Madureira e Fluminense. Estava longe de uma boa campanha. Desde a conquista do tricampeonato em 1953/54/55, o Flamengo não ganhara mais nada. Deu Vasco em 1956, Botafogo em 1957, novamente Vasco em 1958 e Fluminense em 1959.

Uma vitória contra o America, domingo, 25 de setembro, no Maracanã, era fundamental, porque travaria a excelente fase do time rubro e traria novo ânimo ao da Gávea. A torcida rubro-negra compareceu em massa ao maior do mundo. Não adiantou.

"Após o primeiro tempo sem gols, com os dois ataques nitidamente superados pelas defesas, o America movimentou o marcador por intermédio de Calazans, na cobrança de uma penalidade, sofrida por ele, da intermediária do Flamengo. O chute foi muito forte, porém, defensável. Mas a 'redonda', batendo no chão, à frente de Ari, tomou efeito e encobriu o goleiro, entrando no canto, estufando o barbante e balançando o véu da noiva rubro-negra. Foi o tento que decidiu o match.

Vitória na tangente, com um gol 'esquisito', mas serviu para garantir mais dois pontos positivos e a manutenção da vice-liderança do Campeonato."

A Vida do Crack - edição do campeão

A partir da fatídica noite de 4 de abril de 1956, quando o Flamengo conquistou o tricampeonato vencendo o America por 4 a 1, a torcida americana se encheu de raiva dos rubro-negros. Foi nessa partida, diante de 147.661 torcedores, a terceira da melhor de três decisiva (na primeira, Fla 1 a 0; na segunda, America 5 a 1), que o lateral Tomires, o "Cangaceiro", quebrou a perna do meia Alarcon, craque argentino e cérebro do time americano, aos 15 minutos de jogo, deixando o America com 10 jogadores porque não era permitida a substituição.

O juiz Mário Vianna, longe do lance, nem falta de Tomires marcou.

Desde então, em todos os confrontos do America com o Flamengo, em qualquer competição que fosse, do juvenil passando pelos aspirantes e até o profissional, os torcedores americanos passaram a xingar sem parar os jogadores do time rival:

"Vocês quebraram a perna do Alarcon, seus canalhas!"

****America 1 x 0 Flamengo****

Local: Maracanã

Juiz: José Gomes Sobrinho

Auxiliares: Válter Soares e

José Vieira de Menezes

Renda: Cr$ 1.102.849,00

Gol: Calazans, 76’

America: Pompéia; Jorge, Djalma,

Wilson Santos e Ivan; Amaro e João Carlos;

Calazans, Quarentinha, Nilo e Enilson.

Técnico: Jorge Vieira

Flamengo: Ari; Bolero e, Monin; Jadir,

Carlinhos e Jordan; Luís Carlos, Moacir,

Henrique, Dida e Babá.

Técnico: Fleitas Solich

Chovia muito e a torcida não deu as caras no domingo no Maracanã, como se esperava, para prestigiar o America em sua última apresentação do turno. Faltavam dois dias para as eleições e o futebol não era a prioridade naquele fim de semana.

O Madureira, o "tricolor suburbano", celeiro de craques como Didi, Evaristo de Macedo, Valdo, Jair Rosa Pinto, Lelé e Isaías, fazia campanha ruim e foi goleado por 5 a 1 pelo Fluminense duas rodadas antes, o que dava ar de extremo favoritismo ao America. Talvez pelo gramado lamacento e escorregadio, o time rubro não conseguia fazer prevalecer a superioridade técnica. Perdeu até um pênalti, que Nilo cobrou fraquinho para a defesa do goleiro Silas.

Mas, com um gol de Quarentinha aos 17 minutos de jogo, o America, comandado pelo estupendo meia-armador João Carlos, mais uma vez *"a figura destacada do match"*, segundo *A Vida do Crack - edição do campeão*, garantiu a vice-liderança do campeonato com 4 pontos perdidos, dois atrás do líder Fluminense.

****America 1 x 0 Madureira****

Local: Maracanã

Juiz: Frederico Lopes

Auxiliares: Desrical Tavares e Arlindo Elói de Andrade

Renda: Cr$ 89.039,00

Gol: Quarentinha, 17'

America: Pompéia; Jorge, Djalma, Wilson Santos e Ivan; Amaro e João Carlos; Calazans, Quarentinha, Nilo e Enilson.

Técnico: Jorge Vieira

Madureira: Silas; Bitum, Salvador, Omena e Décio; Nair e Nelsinho; Paulinho, Azumir, Fernando e Osvaldo.

Técnico: Lourival Lorenzi

O 1º turno chegou ao fim com o Fluminense liderando com 2 pontos perdidos, invicto, com toda a pinta de conquistar o bicampeonato. O America vinha a seguir, surpreendendo, com 4 pontos, uma derrota apenas para o Bangu, e na frente de Botafogo, Flamengo e Vasco.

FLUMINENSE INVICTO NO TURNO!

ZEZE MOREIRA

JÂNIO E LACERDA, ARGH!

A tão esperada eleição presidencial aconteceu em 3 de outubro, uma segunda-feira. Jânio a levou com 48,26% (5.636.623 votos) contra 32,94% (3.846.825 votos) de Lott. Vitória prevista por todos os comentaristas e institutos de pesquisas. O ex-governador de São Paulo, Adhemar de Barros, teve 18,80% (2.195.708).

Jânio venceu praticamente em todos os estados com maior número de eleitores, principalmente em São Paulo, onde obteve a sua maior votação: 1.588.593 sufrágios, 55% dos votos, contra apenas 441.755 de Lott. O paulista Adhemar de Barros ficou em segundo lugar com 855.093 votos, quase 30% do eleitorado, mas só em São Paulo Adhemar foi bem.

A festa da UDN no Rio de Janeiro ficou completa com a vitória - apertada - de Carlos Lacerda para governador do novo Estado da Guanabara, superando o deputado Sérgio Magalhães, do PTB, por pouco mais de 24 mil votos. Tenório Cavalcanti, folclórico deputado da Baixada Fluminense, que ia ao Congresso vestido com uma capa preta e uma metralhadora portátil escondida debaixo dela, chamada de "Lurdinha", chegou em terceiro facilitando a vitória de Lacerda ao tirar votos de Sérgio Magalhães.

Outra vitória comemorada pelos udenistas foi a de Magalhães Pinto sobre Tancredo Neves para Governador de Minas Gerais.

A vitória - reeleição, na verdade - de João Goulart, o Jango, para vice-presidente por 4.547.010, contra 4.237.719 do mineiro Milton Campos, amenizou um pouco a dor das derrotas para presidente e governador.

Minha família - pai, mãe, tios e primos adultos - comemorou com cervejada; o pessoal do prédio da Afonso Pena, também. Eu, chateado com a situação, passei dias indo me encontrar com a turma do casarão em que pegava material do Lott e do Sérgio Magalhães, onde encontrava ombros amigos. A vitória do Jango nos consolava de alguma forma.

JANIO
QUADROS
PRESIDENTE

COMEÇA O RETURNO

O assunto ainda eram as eleições. Lacerda e a turma da UDN festejavam a enxurrada de votos para a Assembleia Legislativa, com o jornalista falastrão Amaral Neto, ex-integralista na juventude e defensor da pena de morte, como destaque, com 35 mil votos.

Em São Januário, sábado à tarde, 8 de outubro, o America, mesmo sem jogar bem, começou o returno com o pé direito, escapando da derrota para a Portuguesa graças aos gols perdidos pelo esguio centroavante Foguete cara a cara com Pompéia. Jorge Vieira passou um sabão no time depois da partida.

"De qualquer modo, mercê de sua maior categoria e vontade férrea de continuar no rumo certo, o conjunto de Campos Sales uma vez mais garantiu os dois pontinhos, saindo de São Januário com o triunfo!"

A Vida do Crack - edição do campeão

*****Portuguesa 0 x 2 America*****

Local: São Januário

Juiz: Frederico Lopes

Auxiliares: Lino Teixeira e Aníbal dos Santos

Renda: Cr$ 104.280,00

Gols: João Carlos e Antoninho

Portuguesa: Vágner; Flodoaldo, Gagliano e Tião; Antônio e Wilson; Wellis, Pinheiro, Foguete, Hélio e Mário. Técnico: Daniel Alves

America: Pompéia; Jorge, Djalma e Ivan; Amaro e Wilson; Calazans, Antoninho, Quarentinha, João Carlos e Nilo. Técnico: Jorge Vieira.

Veio a segunda partida do returno, sábado à tarde, em São Januário. Havia desconfiança porque o time jogara muito mal contra a Portuguesa e o Olaria era o mais forte dos pequenos. Ainda bem que o jogo não foi na Rua Bariri, o famoso alçapão, estádio com dimensões mínimas, cercado por um alambrado.

E aconteceu a surpresa: "Atuando bem, o America venceu com facilidade, fixando o marcador em 4 x 1. O quadro jogou certo, impondo-se com todos os méritos aos bariris. Mesmo jogando contra o vento no 1º tempo, os rubros não procuraram lançamentos longos, armando as jogadas no meio do campo com Quarentinha, João Carlos e Nilo trocando passes, com bom apôio de Amaro. A vitória foi fácil, mesmo com o time jogando com dez jogadores, a partir dos 18 minutos do tempo derradeiro, porque o capitão Wilson Santos saiu contundido depois de um choque com o zagueiro Sérgio. Ele foi atingido na boca, perdendo dois dentes e levando três pontos."

A Vida do Crack - edição do campeão

*****Olaria 1 x 4 America*****

Local: São Januário

Juiz: Frederico Lopes

Auxiliares: Jorge Lemos e Lino Teixeira

Renda: Cr$ 119.410,00

Gols: Antoninho, 5'; João Carlos, 16'; Jorge; Jaburu, 87' e Haroldo (contra), 89'

Olaria: Antoninho; Murilo, Sérgio e Casemiro; Nélson e Haroldo; Válter (Danilo), Cané, Jaburu, Drumond e Da Silva. Técnico: Délio Neves

America: Pompéia; Jorge, Djalma e Ivan; Amaro e Wilson Santos; Calazans, Antoninho, Quarentinha, João Carlos e Nilo. Técnico: Jorge Vieira

Um dia depois do meu aniversário de 14 anos - festejado no bar do clube, com farta distribuição de cachorro-quente e refrigerantes, uma comemoração meio mixuruca - houve a partida contra o Bangu, em um sábado à noite, 22 de outubro, no Maracanã, o tal "Clássico Bisavô".

Tinha sabor de desforra, o time do tio Orlando era o único que nos venceu em 13 partidas disputadas.

Pela importância do jogo, abri mão de uma festinha que minha mãe queria preparar. O presente, a festa, seria a vitória sobre os alvirrubros. E ela veio.

"Vingou-se o America da única derrota sofrida no campeonato devolvendo ao Bangu o mesmo marcador que sofrera no turno. Os rubros começaram de forma agressiva, exigindo o empenho do arqueiro Ubirajara por cinco vezes consecutivas... O único tento do clássico foi conquistado por Nilo, cobrando uma penalidade de fora da área, chutando por uma falha da barreira mal organizada pelos banguenses. Ubirajara, encoberto, nada pôde fazer...

O final da partida foi dramático para o America sustentar a vantagem no marcador; Leônidas, que reaparecera no lugar de Wilson Santos, contundiu-se no pé e não aguentou continuar. Com 10 homens, a situação se tornou difícil, porque o Bangu insistia pelo empate. Mas a defesa aguentou a pressão do Bangu e a ela deve o clube de Campos Sales a conservação do placard favorável."

A Vida do Crack - edição do campeão

*****Bangu 0 x 1 America*****

Local: Maracanã

Juiz: Frederico Lopes

Auxiliares: Amaro Sousa Gomes e José Vieira

Renda: Cr$ 271.101,00

Gol: Nilo, 28’

Bangu: Ubirajara; Rubens dos Santos e Mário Tito; Hélcio Jacaré, Zózimo e Nilton dos Santos; Décio Esteves, Zé Maria, Luís Carlos, Ademir da Guia e Tiriça (Vermelho). Técnico: Zizinho.

America: Pompéia; Jorge, Djalma e Ivan; Amaro e Leônidas; Calazans, João Carlos, Quarentinha, Antoninho e Nilo. Técnico: Jorge Vieira.

No ano de 1929, o Bangu ganhava o curioso apelido de "Mulatinhos Rosados". Há duas versões para a história. Na primeira, o apelido levava em conta que o time era formado basicamente por mulatos. Como suas camisas desbotavam ao suarem, as listras vermelhas pareciam rosadas. E assim surgiu o nome. Na segunda versão, o presidente da época, Antônio Pedroso, para contestar um dirigente adversário que dissera "Como tem crioulo neste time!", respondeu: "Crioulos, não, mulatinhos rosados". A história ocorrida com o clube pioneiro na luta contra o racismo no futebol brasileiro, ainda em 1905, deve ser entendida de maneira extremamente simpática e singela, se não folclórica.

Wikipedia

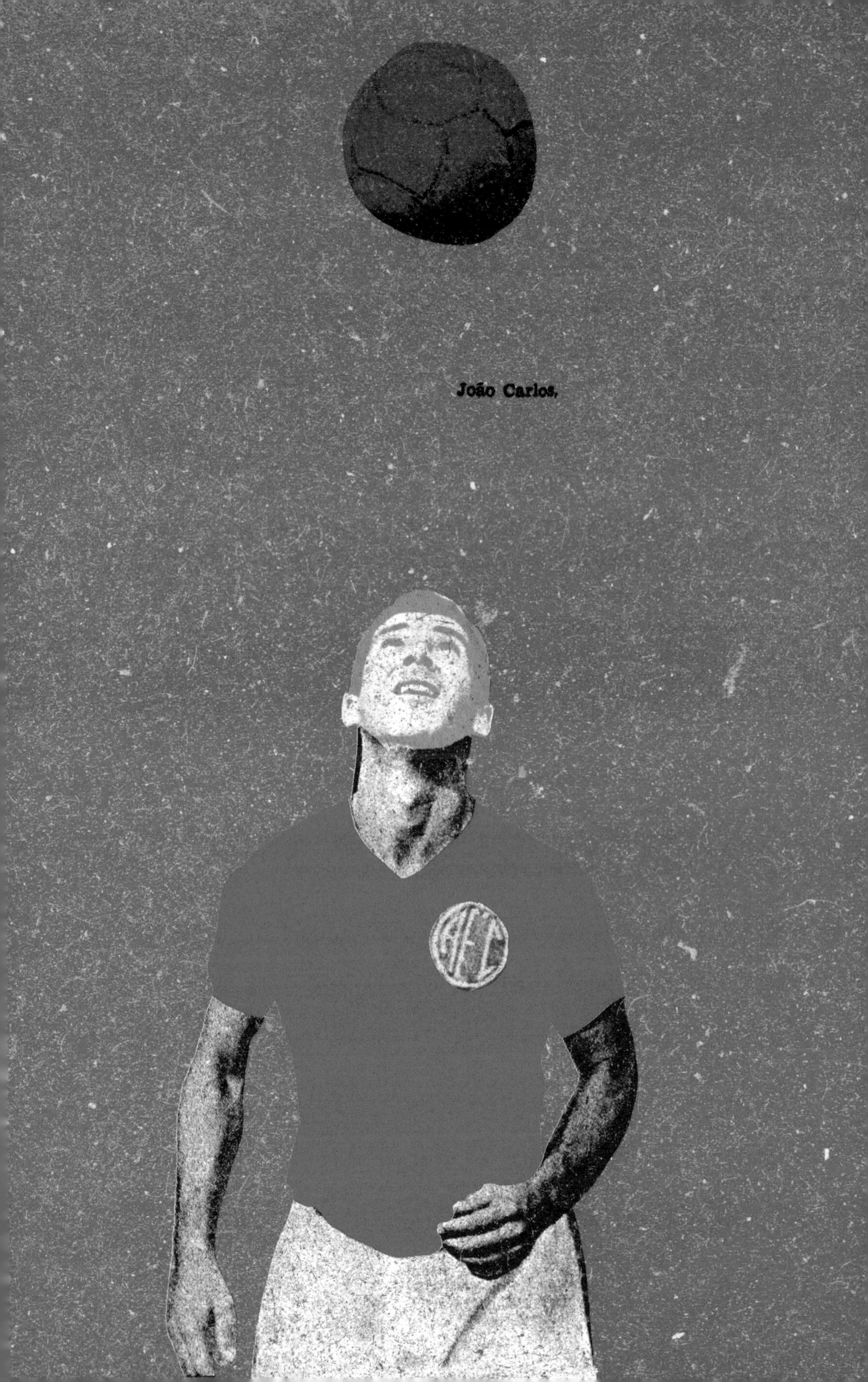
João Carlos.

ADEMIR
DA GUIA

O adversário na quarta rodada do returno, sábado à tarde, 29 de outubro, em São Januário, era o São Cristóvão, o time Cadete, lanterna do campeonato, que não vencera nenhuma partida das 14 que disputou e sofreu goleadas do Flamengo (5 a 0) e Botafogo (6 a 0). O America tinha a faca e o queijo na mão.

"Ao predomínio inicial do São Cristóvão, que durante o primeiro quarto de hora chegou a assustar a torcida americana, o America respondeu com dois tentos relâmpagos num espaço de dois minutos, aproveitando-se seus oportunistas artilheiros das falhas da retaguarda cadete. Na etapa complementar o America procurou poupar-se, não se preocupando muito com o marcador e chegando mesmo a ensaiar um baile nos cadetes. Graças aos tentos de Quarentinha e Nilo, o America se mantém na vice-liderança."

A Vida do Crack - edição do campeão

*****America 2 x 0 São Cristóvão*****

Local: São Januário

Juiz: Manoel Machado

Auxiliares: Álvaro Sand e Jorge Lemos

Renda: Cr$ 115.990,00

Gols: Quarentinha, 26' e Nilo, 28'

America: Pompéia; Jorge, Djalma e Ivan; Amaro e Wilson Santos; Calazans, Antoninho, Quarentinha, João Carlos e Nilo. Técnico: Jorge Vieira

São Cristóvão: Orlando; Jaime, Renato e Moacir; Valdir e Elton; Célio (Jorge), Bira, Gambá, Expedito e Dejair. Técnico: Valdir Nunes

PROFESSOR TRAJANO

Foi meu pai que me fez virar torcedor do America e esquecer o Fluminense. Logo que nos mudamos do Catumbi para a Tijuca, ele entrou como sócio do clube e me inscreveu nas escolinhas de basquete, futebol de salão e de campo. Tomei gosto. Ir diariamente à sede de Campos Sales depois do colégio virou programa querido e obrigatório.

Cresci ali dentro. Enquanto eu jogava e treinava, o professor virou diretor do departamento infantojuvenil e agitava as manhãs nos fins de semana com intensa programação para a gurizada.

Nos primeiros anos na Tijuca, seguia a pé para o Maracanã e assistia às partidas em companhia dele e de seus amigos, torcedores fervorosos. Aos poucos, foi-me liberando e eu ia aos jogos com a garotada amiga, sem a presença dos adultos.

O professor Trajano, que só abria sorrisos quando o America vencia em qualquer esporte, dava aulas de história em três colégios do bairro. Tinha fama de rigoroso e, a julgar pelo que era em casa, devia ser mesmo. De família humilde do bairro de Campo Grande, Zona Oeste, casou-se aos 22 anos, já com o diploma debaixo do braço, com minha mãe, a lindíssima Nilza, também filha do lugar.

Virou figura conhecida e respeitada no clube. Chegou a levar o técnico húngaro Gyula Mándi para jantar lá em casa. Mándi, famoso por dirigir a mágica Seleção Húngara na Copa de 1954, fracassou no America e durou poucos meses como técnico americano. Foi em companhia do intérprete Rapopov, adorou as empadas de camarão do Salete e o frango com quiabo preparado por minha mãe. De sobremesa, o *spumone* da Gerbô, receita dos donos, húngaros como ele, fez sucesso. Para beber, o professor serviu cerveja Brahma bem gelada e uma branquinha de alambique de uma fazenda de Rio das Flores.

O professor gostava de tomar umas e outras no bar do clube e muitas vezes voltava para casa tropeçando nas pernas, o que gerava discussão entre o casal. Como a campanha de 1960 ia de vento em popa, ele e sua turma passaram a se encontrar antes dos jogos para festejar. Várias vezes seguiam para os estádios eufóricos demais.

Sem o professor Trajano, não existiria o Zezinho, o torcedor fanático. Ele me apresentou aos jogadores (quando apertei a mãozona do Pompéia, um cara fortíssimo, musculoso, de mais de 1,90 m, quase desmaiei de emoção), ao técnico Jorge Vieira, ao massagista Olavo, ao craque João Carlos...

Algum tempo antes do time de 1960, o professor participava de uma roda de pôquer, algumas vezes lá em casa mesmo, à qual compareciam também o craque argentino Alarcon (o que teve a perna quebrada pelo Tomires, o "Cangaceiro"), o compositor Carvalhinho, autor do sucesso *Madureira chorou*, e seu Ângelo, gerente do bar do clube e fofoqueiro dos bons.

Enfim, a intensa paixão pelo America, devo ao professor!

FLAMENGO E VASCO

Quinto compromisso do America, o primeiro clássico do returno, em 6 de novembro. E logo contra quem? Contra o Flamengo, que começou bem a segunda fase, mas levou cacetada de 4 a 1 do Botafogo na rodada anterior, fora o baile. Durante o jogo, muitos torcedores americanos não se cansaram de esgoelar:

"Vocês quebraram a perna do Alarcon, seus canalhas!"

"O Flamengo no primeiro tempo apresentou-se irresistível, como nos seus melhores dias. Como nos saudosos dias de Gilberto Cardoso!

O America chegou mesmo a tontear, embora jamais se entregando. Como em todo o campeonato, o ardor com que se empregou nas batalhas mais difíceis foi a maior característica da briosa equipe rubra.

Aos 26 minutos, Henrique conseguia mandar a bola às redes de Pompéia. Primeiro tempo, Flamengo 1 a 0. Ainda no primeiro tempo, Quarentinha desperdiçara um penalty sofrido por Nilo, chutando mal e propiciando uma defesa de Ari.

Aos 6 minutos do segundo tempo, Quarentinha cabeceou para Calazans finalizar com êxito. Era o empate, que perduraria até o final do match.

O America voltou a ser o America que levantava títulos, que também tinha camisa e bandeira. Sustentou o empate, frente a um Flamengo que voltou a ser Flamengo, em pleno esplendor, o Mengo da legenda e mística.

O empate foi o resultado possível para uma partida daquela envergadura."

____________________A Vida do Crack - edição especial

*****Flamengo 1 x 1 America*****

Local: Maracanã

Juiz: Armando Marques

Auxiliares: Aníbal dos Santos
e José Vieira Menezes

Renda: Cr$ 860.480,00

Gols: Henrique, 24′; Calazans, 61′

Flamengo: Ari; Bolero, Monin e Vanderlei;
Jadir e Carlinhos; Othon, Moacir,
Henrique, Luís Carlos e Germano.
Técnico: Fleitas Solich

America: Pompéia; Jorge e Djalma;
Amaro, Wilson Santos e Ivan; Calazans,
João Carlos, Antoninho, Quarentinha
e Nilo. Técnico: Jorge Vieira

Carlinhos
Gerson
BELLINI

— SE MUDAR DE ESTILO SEREI UM FRANGUEIRO

- **Pompéia explica por que "voa"**

Encarar o Vasco, uma semana depois de enfrentar o Flamengo, era fogo na jaca! Se perdesse, deixaria o Fluminense disparar rumo ao bicampeonato e ainda permitiria ao Botafogo se aproximar. O Fluminense deixou escapar um ponto empatando com o Bonsucesso, mas a diferença não diminuiu porque empatamos por 1 a 1 com o Flamengo na rodada anterior. Não poderíamos bobear, muita gente já estava botando mau olhado em nós.

Apesar de ser uma partida para lá de importante, o clássico não mereceu muito destaque nas primeiras páginas de *O Globo*, *Jornal do Brasil*, *Última Hora* e *Correio da Manhã*. As manchetes e as fotos foram para o recém-eleito presidente dos Estados Unidos, John Fitzgerald Kennedy, 43 anos, e para sua mulher, Jacqueline.

"Novo empate colheu o America na sua trajetória. Tudo indicava que os tradicionais adversários do chamado clássico da paz realizassem partida vibrante, renhida e bonita, já que o esquadrão cruz-maltino vinha numa fase de reabilitação, invicto desde que passara às mãos de Abel Picabéa, enquanto que o America precisava manter-se próximo ao Fluminense, líder do certame.

Mas os ataques das duas equipes jogaram mal, refletindo a pobreza de atuação dos artilheiros, no placard inalterado durante os 90 minutos, todavia no caso, as vanguardas não forçaram nunca o último reduto adversário.

Não há como se deixar de reconhecer que o empate foi justo. Nem um nem outro fez jus à vitória. Este empate fêz o America, em quinze dias, passar de um para três pontos de diferença do líder invicto, o Fluminense, que totaliza três pontos negativos, enquanto o America está com seis e o Botafogo em terceiro, com sete."

A Vida do Crack - edição do campeão

*****America 0 x 0 Vasco*****

Local: Maracanã

Juiz: Frederico Lopes

Auxiliares: Lino Teixeira

e Amaro de Souza Gomes

Renda: Cr$ 1.188.699,00

America: Pompéia; Jorge, Djalma e

Ivan; Amaro e Wilson Santos; Calazans,

Antoninho, Quarentinha, João Carlos

e Nilo. Técnico: Jorge Vieira

Vasco: Ita; Paulinho, Bellini e Coronel;

Laerte e Orlando; Sabará, Wilson Moreira

(Wanderley), Delém, Waldemar e Pinga.

Técnico: Abel Picabéa

CINEMA NA PRAÇA

O programa mais gostoso depois dos jogos no Maracanã: ir ao cinema. Os tijucanos eram privilegiados. A Tijuca e o cinema sempre andaram de mãos dadas, porque somente na Praça Saens Pena havia cinco cinemas de rua: Metro Tijuca, que trocava de filmes às quintas-feiras, exibia sessão Tom e Jerry no primeiro domingo do mês, às 10 da manhã, e tinha ar-condicionado até nas bilheterias do lado de fora; Carioca, construção lindíssima com colunas *art decó*, que programava pré-estreias e matinês concorridíssimas nas manhãs de domingo; Olinda, gigantesco, o maior da cidade, 3.500 cadeiras e programação menos badalada, com filmes espanhóis e mexicanos; o calorento América e o pequeno Santo Afonso, nas instalações da igreja atrás da praça. Sem falar do espetacular e luxuoso *Madrid*, na Rua Haddock Lobo; do pulguento *Avenida*, junto à avenida Paulo de Frontin, e do minúsculo *Roma*, junto à igreja de Santa Teresinha do Menino Jesus, aonde meu pai adorava nos levar.

Assisti a *Spartacus,* com Kirk Douglas, Jean Simmons e Laurence Olivier, duas vezes, assim como *Onze homens e um segredo,* com Frank Sinatra, Dean Martin e Sammy Davis Jr. Foram os meus preferidos do ano porque não entendi quase nada em *Oito e meio,* do Fellini, e *Psicose,* do Hitchcock.

Mas batuta mesmo era assistir aos gols e aos lances do futebol no Canal 100, cinejornal que antecedia os filmes e os *trailers,* com a trilha musical de *Na Cadência do Samba (Que Bonito É),* composta pelo pernambucano Luís Bandeira e gravada pelo famoso conjunto de Waldir Calmon.

Minha mãe adorava chanchadas e fomos juntos dar muitas risadas em *Os dois ladrões,* com o genial Oscarito e o galã Cyl Farney; *Dona Violante Miranda,* com a impagável Dercy Gonçalves e a belíssima Odete Lara, e *Entrei de gaiato,* com Zé Trindade, o meu cômico predileto.

Na sede do America, aos domingos, no fim de tarde, havia sessões de cinema no ginásio coberto, e o legal eram as séries que passavam antes dos filmes. Vi praticamente, sem perder nenhum episódio, *Flash Gordon no Planeta Mongo,* com Buster Crabbe no papel principal. Flash Gordon, a mocinha, Dale, e Dr. Zarkov juntam-se para salvar a Terra e vão até o planeta Mongo.

FLASH GORDON'S
TRIP
MARS
OLINDA
OLINDA

INDO EM FRENTE

Faltavam cinco rodadas para o fim do campeonato. Entre os torcedores mais velhos, o temor era que se repetisse 1950, quando o America liderava faltando apenas três rodadas e perdeu os três jogos, dando o título de bandeja para o Vasco, no primeiro Campeonato Carioca disputado no recém-inaugurado Maracanã. O professor Trajano era um desses.

Ao contrário, nós, os jovens, estávamos eufóricos. E fazíamos faixas, bandeiras e convocávamos mais gente para torcer nos estádios. O que chateou mais uma vez foi cruzar com o Canto do Rio no Maracanã vazio em um sábado à noite, 19 de novembro, em vez de a partida ser disputada em Caio Martins, do outro lado da baía, sempre mais divertido pela viagem de ida e volta de barca.

O assunto nas arquibancadas era a conquista, na véspera, do título mundial dos pesos-galos pelo jovem paulistano Éder Jofre, ao derrotar, no sexto assalto, por nocaute, o mexicano Eloy Sánchez, em luta disputada em Los Angeles.

"Depois de ver a sua cidadela ameaçada seriamente, o America conseguiu manter a duras penas a vice-liderança do Campeonato vencendo o Canto do Rio pela sétima rodada do returno. Enquanto o Canto do Rio iniciava a partida com grande disposição, defendendo-se bem e indo à frente com bons contra-ataques, o America lançava-se com ardor, na tentativa de evitar o empate que o perseguia em duas rodadas seguidas.

O tento inaugural do America somente surgiu aos 45 minutos de jogo, graças a uma cabeçada de Antoninho, escorando centro de Calazans. O tento que consolidou a vitória custou a surgir. Já eram passados 38 minutos do segundo tempo, quando Nilo alvejou a meta de Itamar. Aliás, um tento de feitura belíssima."

A Vida do Crack - edição do campeão

*****Canto do Rio 0 x 2 America*****

Local: Maracanã

Juiz: Aírton Vieira de Morais

Auxiliares: Lino Teixeira e Elair Alcântara

Renda: Cr$ 99.456,00

Gols: Antoninho, 45' e Nilo, 83'

Canto do Rio: Itamar; Luciano, Osvaldo e Pereira; Mário e Nézio; Célio, Fernando, Adílson, Ferreira e Jairo.

America: Pompéia; Jorge, Djalma e Ivan; Amaro e Wilson Santos; Calazans, Antoninho, Fontoura, João Carlos e Nilo. Técnico: Jorge Vieira.

De milho em milho, o America seguia em frente. Faltava enfrentar Madureira, Bonsucesso, Botafogo e Fluminense (os dois últimos com chances de ficar com o título). Os dirigentes americanos desprezaram o pequeno estádio de Campos Sales e optaram por marcar os jogos em São Januário, onde o público seria maior.

Assim como outros torcedores da Tijuca, ficamos tiriricas! Afinal, nosso campo, nossa vida, nosso dia a dia acompanhando os treinos aconteciam no querido bairro. Qual a vantagem, então, de ser tijucano? O America é nosso e ponto final. Dane-se que em São Januário coubesse mais público. Nessa hora era importante estar junto da nossa gente e em casa!

"O Tijucano não tem salvação. Pode fingir, pode fugir, mudar, inventar, mas será sempre tijucano. Mesmo que o corpo disfarce, a alma, como o filho pródigo, voltará sempre à Tijuca.

O Tijucano padrão é feito aquele amigo meu que pirou em plena Praça Saens Pena, tirou a roupa, subiu numa árvore e começou a gritar: 'A Tijuca é uma merda! Tô farto disso aqui! Num guento mais a Tijuca! É uma merda! Uma verdadeira merda!'

Quando a ambulância chegou e meu amigo leu o que estava escrito nela, o escarcéu aumentou. Do alto da árvore, nu, mas em pose de sabedor, bradava: 'Para o Pinel, jamais! Nós, os tijucanos, temos nosso próprio sanatório!'"

Aldir Blanc

MADUREIRA E BONSUCESSO

Hora de pegar o Madureira, time café pequeno, mal das pernas, que não vencera nenhuma partida no returno, inclusive levando goleada de 5 a 0 do Fluminense. Faltava menos de um mês para o término da competição. Qualquer deslize seria imperdoável nesse 26 de novembro.

"Um tanto confuso e assustado, o America - sofrendo inclusive o primeiro goal da tarde - chegou à tranquilidade com dois tentos de Antoninho. A ausência de Amaro resultou em prejuízo para o rendimento da equipe, já que Leônidas esteve muito longe de cobrir a lacuna deixada pelo titular.

O America jogou aquém de suas possibilidades e sua torcida ficou muito preocupada. Os tricolores suburbanos deram muito trabalho."

A Vida do Crack - edição do campeão

*****Madureira 1 x 2 America*****

Local: São Januário

Juiz: Alberto da Gama Malcher

Auxiliares: Aníbal dos Santos e Lourival Castro Gomes

Renda: Cr$ 146.390,00

Gols: Osvaldo, 14'; Antoninho, 22' e 47'

Madureira: Silas; Bitum, Almir e Décio; Nilo e Apel; Bira, Odair, Fernando, Nair e Osvaldo. Técnico: Lourival Lorenzi

America: Pompéia; Jorge, Djalma e Ivan; Wilson Santos e Leônidas; Calazans, Antoninho, Quarentinha, João Carlos e Nilo. Técnico: Jorge Vieira

Jamais vi a sede de Campos Sales tão movimentada! Um entra e sai sem parar. O America virou a coqueluche do momento. Estava com tudo e não estava prosa. O bar faturava aos montes e passou a fechar mais tarde. Juntava gente na porta da concentração na Rua Gonçalves Crespo, ao lado da sede, para pegar autógrafos e tirar fotos dos jogadores.

Jornalistas faziam plantão em Campos Sales. Luís Bayer, o mais conhecido deles, por acaso torcedor do America, que escrevia coluna famosa no *Jornal dos Sports*, praticamente mudou-se com mala e cuia para lá. A turma de *O Globo*, sob a chefia de Ricardo Serran, revezava-se durante o dia para acompanhar todos os movimentos de Jorge Vieira e seus comandados. Campos Sales virou um frege!

*

A vitória contra o Bonsucesso, sábado à noite, 3 de dezembro, era obrigatória caso o America quisesse mesmo brigar pelo título, o que não acontecia fazia 25 anos. Chegou a hora de o time mostrar que tinha chegado até ali por méritos e não era de araque.

"Pela antepenúltima rodada do campeonato, o cotejo foi marcado por uma série de incidentes, mas acabou agradando pela movimentação das duas equipes. A regra 3 foi usada em toda a linha. Pompéia, contundido, foi substituído por Ari e Leônidas, por Amaro.

Jogou bem o colíder na sua ofensiva, mostrando-se agressivo, o que não vinha acontecendo ùltimamente."

A Vida do Crack - edição do campeão

Djalma,

Jorge

*****America 2 x 1 Bonsucesso*****

Local: Maracanã

Juiz: Frederico Lopes

Auxiliares: Rui da Conceição e Amaro de Souza Gomes

Renda: Cr$ 169.145,00

Gols: João Carlos, 10’; Antoninho, 19’ e Artoff (pênalti), 60’

America: Pompéia (Ari); Jorge, Décio e Ivan; Leônidas (Amaro) e Wilson Santos; Calazans, Antoninho, Quarentinha, João Carlos e Nilo. Técnico: Jorge Vieira.

Bonsucesso: Bruno, Barizon; Severiano e Mirinho; Sílvio e Adelino; Augusto, Artoff, Manoel, Cassiano e Pingo. Técnico: Gradim

Oscarito convidou jogadores e comissão técnica foram assistir mais uma vez à peça-revista É Xique-Xique no Pixoxó, *no Teatro Recreio, na Praça Tiradentes, antes do jogo contra o Bonsucesso. A revista tinha música de Ary Barroso e Morfeu Belluomini e contava, além de Oscarito, com o galã Lafayette Galvão, as vedetes Nélia Paula e a argentina Amparito, a bailarina acrobática Lina Lee, os Golden Boys (conjunto vocal com cantores adolescentes), 30* girls *argentinas, 12 bailarinas, 12 manequins, 12 modelos nus e o diretor de cena Paulo Celestino, também torcedor do America, como Oscarito.*

TV X RÁDIO

O rádio, massacrado pela televisão, segurava-se nas transmissões de futebol, em alguns humorísticos e em programas tradicionais de variedades, mantendo o charme, com os *casts* de cantores famosos como Marlene, Emilinha, Jorge Goulart, Cauby Peixoto, as irmãs Batista, Nora Ney, Ângela Maria, Orlando Silva e tantos outros que se apresentavam em programas de auditório ao vivo, principalmente no de César de Alencar.

Abrindo a jornada radiofônica pela manhã, das seis às sete e meia, para saber o horário, a gente colocava na Rádio Relógio, que atualizava a hora a cada minuto, tendo ao fundo um barulho de *tic-tac*. Ao mesmo tempo acontecia na Rádio Nacional o programa *Hora da ginástica*, em que o professor Osvaldo Diniz Magalhães incentivava as pessoas a fazerem exercícios em casa, dando voltas pela sala, esbarrando nas mesas, poltronas e cadeiras. Durante um tempo meus pais seguiam à risca, depois enjoaram e desistiram do "um-dois, respire fundo, solta o ar".

Eu não perdia por nada os programas de humor da Mayrink Veiga – *A cidade se diverte*, *Levertimentos Lever*, *Vai dar Valsa*, *Miss Campeonato* – e nem os da Nacional – *PRK 30*, com a impagável dupla Lauro Borges e Castro Barbosa; *Tancredo e Tancrado*, com o incrível Zé Trindade; *Balança mas não cai*, com o engraçadíssimo quadro Primo Pobre (Brandão Filho) e Primo Rico (Paulo Gracindo).

Curtia o *Músicas na Passarela,* na Rádio Tamoio (as músicas eram apresentadas diariamente para se escolher a preferida pelo telefone); *Gente que brilha,* na Nacional, com arranjos musicais do respeitado Radamés Gnattali; *Jararaca e Ratinho,* por causa do meu avô, fã das improvisações e do talento da dupla; além, é claro, as transmissões de futebol e as séries *Jerônimo, herói do sertão* e *As aventuras do anjo.*

O fascínio que a televisão exercia era imenso. Além da TV Rio e da TV Tupi, surgiram a TV Excelsior, que enviava programação desde São Paulo, e a TV Continental, recém-inaugurada.

Se os meus pais não me chamassem para fazer os trabalhos do colégio ou para dormir, ficaria horas e horas diante da telinha de um aparelho de 20 polegadas, de válvulas, que tínhamos de esperar um tempinho para esquentar e começar a funcionar.

Assistia de tudo: *Circo Bombril,* com Carequinha e Fred; *Espetáculos Tonelux* (destaque para Neide Aparecida, famosa garota propaganda); *Noite de gala* (vedetes, cantores, esquetes de humor, orquestra do Maestro Tom Jobim); *TV Rio Ringue* (lutas de boxe, com Luís Mendes e Léo Batista); *Coelhinho Teco-Teco* (Virgínia Lane, a vedete do Brasil, contando histórias para crianças); *A Praça da Alegria* (Manoel da Nóbrega no comando); *Alô, Doçura* (com o lindo casal John Herbert e Eva Wilma); *O Céu é o Limite* (apresentação de Jota Silvestre); *Grande Teatro Tupi* (adaptação de peças, com Sérgio Brito, Fernanda Montenegro, Sérgio Cardoso, Mário Lago, Cacilda Becker); *Almoço com as estrelas* (comandado pelo torcedor do America, Aérton Perlingeiro); *Falcão Negro* (o primeiro herói infantojuvenil da TV brasileira).

Se fosse selecionar apenas um, ficaria com o fantástico *Teatrinho Trol,* aos domingos, apresentando ao vivo peças da Maria Clara Machado, como *Pluft, o fantasminha*; *O rapto das cebolinhas*; *A bruxinha que era boa,* com Fábio Sabag, Norma Blum, Zilka Salaberry (a inesquecível bruxa), Roberto de Cleto, Moacyr Deriquém, Fernanda Montenegro, Estelita Bell, Cláudio Corrêa e Castro...

TELEFONE
VOCÊ TAMBÉM
PARA
22-8241
OU
32-6946...
E "MANDE" REPETIR A MÚSICA DE SUA PREFERÊNCIA. AGORA
"você é quem manda"
Ouça, diàriamente, das 1(.00 às 11:00 e das 15:00 às 16:00 horas "Você é quem manda", um programa REALMENTE feito PARA VOCÊ, e
Ganhe cinco "long-plays", INTEIRAMENTE GRÁTIS, para sua discoteca particular.
As músicas mais solicitadas serão repetidas das 11:30 às 12:00 e das 16:30 às 17:00 horas.
À noite, das . . 21:30 horas, em "O OUVINTE APONTA O SUCESSO", desfila a "Grande Parada das Maiorais"
Delicie-se ouvindo boa música e controlando seu tempo pela HORA CERTA
na... rádio Carioca 720 KC.
mais música... hora certa... e notícias

TARZAN É NOSSO!

Imagine conseguir dormir pensando na partida de 11 de dezembro, contra o Botafogo, pela penúltima rodada.

Impossível!

Eles tinham Mané, Didi, Nílton Santos, Quarentinha, Amarildo, Manga, uma verdadeira seleção. Zagallo, contundido, não jogaria. Pensava: "É muito fubá para o nosso angu ganhar dos caras". Mas a campanha, com apenas uma derrota para o Bangu no primeiro turno, entusiasmava.

O Botafogo tinha a obrigação de vencer, caso contrário, não teria mais chances de ficar com o título. O America podia jogar pelo empate. O Fluminense, líder, acompanhava tudo de perto, de olho na última rodada, quando enfrentaria o America. O time alvinegro possuía o melhor ataque e o artilheiro, Quarentinha, com muito mais gols até do que Valdo, do Fluminense. Eram motivos de sobra para a enorme preocupação.

A direção do America entrou com protesto na Federação, porque Nílton Santos, suspenso na sexta-feira pelo Tribunal Desportivo, foi agraciado com efeito suspensivo. Nada adiantou! O craque campeão do mundo, a "Enciclopédia do futebol", entrou em campo, jogando de quarto-zagueiro.

O sentimento de perseguição, o nervosismo de estar 25 anos distante de uma conquista tendo chance real de alterar essa história e o fato de enfrentar equipe estrelada e badalada ajudada por uma liminar revoltaram a torcida americana, que, em conversas dias antes da partida, via isso como armação, uma tramoia perfeita para não deixar o America seguir em frente.

As ruas tijucanas em volta da sede estavam enfeitadas com bandeirinhas. Muita gente passou a vestir camisas vermelhas. A multidão de curiosos só aumentava. As televisões e as emissoras de rádio faziam transmissões sem parar direto de Campos Sales. Era um clima de muita euforia!

Foi a mais espetacular e emocionante partida de todo o campeonato!

"Aos 4 minutos, o Botafogo movimentava o marcador. Um lance duvidoso, com Garrincha escapando livre, enquanto o setor defensivo parava à espera da confirmação do impedimento. Ari ficou indeciso e o famoso 'Mané', com um leve toque, encobriu bem o arqueiro rubro, colocando a bola nas rêdes.

Já aos 10 minutos, o America chegava ao primeiro empate. Jogo perigoso de Chicão na área alvinegra. Calazans rolou curto para Nilo, que emendou certeiramente. Primeiro tempo: 1 x 1 no marcador.

Aos 7' do segundo tempo, o Botafogo obteve nova vantagem. Didi cobrou um penalty cometido desnecessariamente por Jorge em Amarildo.

Nunca se entregando, logo depois, aos 15', o America voltava a igualar-se. Outra vez Nilo, cabeceando com calma e perícia.

Aos 27 minutos, China assinalou o terceiro gol alvinegro. Parecia que o America não conseguiria novamente juntar-se no placard. Até que aos 35 minutos, Calazans consignava um gol que pode ser taxado de gol de fibra. Chicão diminuiu a corrida, esperando a saída da pelota. Mas Calazans persistiu e, da linha de fundo, ao chamado ângulo imprevisível, virou certeiramente, fazendo a bola passar pelo único lugar possível, e venceu Manga.

Era o justo prêmio ao denôdo com que se empenharam durante os 90 minutos os rubros!"

A Vida do Crack - edição do campeão

Terminada a partida, um grupo de torcedores do Botafogo, com Tarzan à frente, o fortíssimo chefe da torcida, junto da animada charanga, veio ao nosso encontro do outro lado das tribunas. A princípio, ninguém entendeu. Desconfiados, os mais velhos, incluindo meu pai, o professor Trajano, acharam que queriam nos agredir ou provocar.

Qual o quê! Vieram nos parabenizar pela extraordinária exibição e prometeram estar com a torcida americana domingo, no Maracanã, contra o Fluminense. E mais: deixaram o estádio ao lado da gente, com a charanga tocando pelas ruas tijucanas até a concentração do time na Rua Gonçalves Crespo (acanhado sobrado onde os jogadores dormiam em beliches) para festejar a possibilidade de o time do bairro ser campeão. Emocionante!

*****America 3 x 3 Botafogo*****

Local: Maracanã

Juiz: Frederico Lopes

Auxiliares: Lino Teixeira e Francisco Ferreira

Renda: Cr$ 1.223.637,00

Gols: Garrincha, Nilo, Didi (pênalti), Nilo, China, Calazans

America: Ari; Jorge, Djalma, Wilson Santos e Ivan; Amaro e João Carlos; Calazans, Quarentinha, Antoninho e Nilo. Técnico: Jorge Vieira

Botafogo: Manga; Cacá, Zé Maria, Nílton Santos e Chicão; Pampolini e Didi; Garrincha, China, Quarentinha e Amarildo. Técnico: Paulo Amaral

Para o ponteiro esquerdo Nilo, o América não vem fazendo surprêsa nenhuma no campeonato carioca. Êle explica:

— A princípio não quiseram acreditar em nós, achando que tudo era "fogo de palha", mas já no final do returno êles compreendiam que somos candidatos reais ao título.

ENFIM...

Uma semana enlouquecida!

Em frente à sede de Campos Sales e da concentração da Gonçalves Crespo, espalhando-se pela Praça Afonso Pena, camelôs vendiam camisas, flâmulas, canecas, estojos de lápis, tudo o que tivesse o escudo do America. Os botequins em volta ficaram coalhados de gente até tarde da noite. O bar do clube não dava conta de atender aos pedidos e a cantoria invadia a madrugada. Dona Pretinha suspendeu a venda dos cachorros-quentes para servir exclusivamente cerveja. Uma multidão passava o dia à porta do clube e da concentração na expectativa de tirar fotos e conseguir autógrafos dos jogadores.

Quarentinha e Fontoura, jogadores que vieram direto da Bahia para o America, o capitão Wilson Santos, os goleiros Ari e Pompéia e o lateral Jorge tiveram autorização de Jorge Vieira e foram de Kombi até Duque de Caxias, ao terreiro de Joãozinho da Gomeia, o babalorixá mais famoso do Rio, que diziam ser "filho de Oxóssi e Iansã e possuir a inteligência do caçador e o raciocínio rápido como um raio", para tomar passes e pedir forças espirituais para o grande jogo de domingo.

Oscarito, em vez de convidar mais uma vez os jogadores para assistir à peça-revista *É Xique-Xique no Pixoxó*, no Teatro Carlos Gomes, na Praça Tiradentes, foi à concentração contar piadas para desanuviar o ambiente.

Marques Rebelo, o romancista das cenas cariocas, torcedor fanático que dizia "Futebol não é diversão. É sofrimento. Por isso, sou America", escreveu emocionada crônica de louvor e encantamento durante a semana.

Max Nunes, genial redator de programas de rádio, encontrava um jeitinho de enfiar piadas exaltando o time rubro nos humorísticos da Mayrink Veiga.

Manduca, o idoso Manoel Coelho Mendes, que usava boné branco, camisa vermelha do time rubro e circulava pelas ruas da cidade fazendo entregas na bicicleta ornamentada com flâmulas e escudos do America, era saudado festivamente por onde passava.

Muitos carros, inclusive os de praça, ostentavam adesivos nos vidros com alusão ao time da Tijuca.

Em sacadas dos pequenos prédios, como o em que a gente morava, surgiam bandeiras vermelhas. Arrepiante!

Fui ao estádio com meu pai e o tio Carlos, casado com Helena, irmã de minha mãe. Senti-me mais protegido, mais acariciado, porque estava nervoso e eufórico além da conta. Vestindo camisas do America e cantando o hino do Lalá, rumamos até o Maracanã em companhia de uma multidão que jamais havia visto se encaminhando para lá.

O pessoal do gigantesco bloco Bafo da Onça, do Catumbi, que ensaiava em Campos Sales, garantiu presença com muita gente, enquanto a bateria dos Acadêmicos do Salgueiro, a grande escola de samba do bairro, prometera comparecer. Alguns lutadores de *telecath*, como Valdemar Sujeira e Nocaute Jack, que se exibiam ao vivo no America para programas de televisão, garantiram presença no Maracanã.

Entrei no maior do mundo e tive uma visão inacreditável: milhares de torcedores vestindo vermelho, faixas e mais faixas rubras estendidas exaltando o America, bandeiras de todos os tamanhos lambendo o ar, rojões explodindo loucamente, charangas tocando sem parar o *Hei de torcer até morrer!*, serpentinas voando...

Nossa torcida estava pau a pau em tamanho com a do Fluminense porque os cariocas, à exceção – é claro – dos tricolores, foram ao Maracanã torcer por nós.

O Rio de Janeiro nunca vira coisa igual. Havia na cidade um sentimento de piedade, de compaixão, como sentiu Obdulio Varela, capitão uruguaio, depois da derrota brasileira em 1950. Ao ver a tristeza dos torcedores após a partida, ele se apiedou. Queria pedir desculpas pela dor que provocara. Era, então, o caso: os torcedores de todos os clubes estavam ao lado do America, pedindo desculpas por não terem dado nenhuma chance durante os 25 anos de jejum.

18 de dezembro de 1960!
Um dia que jamais esquecerei!

"Perante numerosíssimo público - 98.098 pagantes - que proporcionou a maior arrecadação do campeonato, America e Fluminense entraram em campo no Maracanã, em bela tarde de 18 de dezembro, para travar um sensacional duelo, ao término do qual seria apontado o 1º campeão do Estado da Guanabara.

O Fluminense era o líder absoluto, com 6pp, e o America, o vice-lider, com sete. Aos tricolores, bastava o empate para conquistar o bi-campeonato da cidade. Para os rubros somente a vitória poderia tornar uma realidade o sonho acalentado durante 25 anos pela família americana.

E o Fluminense, que já iniciara o 'match' com o 'handicap' de um ponto de vantagem, conseguiu o primeiro goal. Aos 26 minutos, Wilson Santos defendeu um chute de Telê, com as mãos, em último recurso, desde que Ari se achava no solo, completamente batido. Pinheiro encarregou-se da cobrança. Atirou com violência e Ari espalmou. No rebote, o próprio Pinheiro dominou e novamente desferiu possante arremesso, agora com sucesso. Parecia ser o fim do America.

Já aos 4 minutos do tempo final, Quarentinha, em arrancada espetacular, bateu a Pinheiro com um 'dribling' sêco e atirou com extrema violência. Castilho soltou a pelota, do que se aproveitou Nilo para mandá-la às redes.

Daí em diante ninguém mais duvidou do conjunto de Campos Sales - de pressionado, passou a atacar constantemente o último reduto tricolor, enchendo-se de fibra e vontade férrea de alcançar o triunfo consagrador.

Aos 33 minutos, afinal, veio o tento decisivo. Nilo cobrou uma falta da intermediária do Fluminense e chutou direto à meta. Ante a força do petardo, Castilho acabou soltando a bola, e Jorge surgiu como uma flecha, para emendar fortemente, estufando as redes adversárias. Jorge ficou escondido sob uma verdadeira pirâmide humana e demorou muito a se refazer da emoção e dos 'esbarros'...

Antes mesmo do juiz Wilson Lopes de Souza trilar o seu apito dando por encerrado o jogo... e o campeonato, já os mais desassombrados comemoravam o título perdidamente namorado pela família rubra há 25 anos!

Depois, encerrado o super-clássico, houve as justas comemorações e grande consagração daquele conjunto pouco acreditado de início e naquela altura ratificando sua condição de lídimo campeão carioca, o primeiro do novo Estado da Guanabara."

Ari defendeu parcialmente o “penalty” cobrado por Pinheiro, mas, como ninguém foi em
pôde aparar o rebote e, enfim,

deiro, o zagueiro

1º "GOAL": NILO !

"GOAL" DA VITÓRIA:
JORGE!

No fim do lance do "goal" de Jorge, Jair Ma
gueiro contrário, ma

ainda correu para
meta, com o za-
tarde demais

CAMPEÃO O

AMÉR

CA

*****America 2 × 1 Fluminense*****

Local: Maracanã

Público: 98.098 pagantes

Renda: Cr$ 3.973.606,00

Árbitro: Wilson Lopes de Souza

Auxiliares: José Gomes Sobrinho e Antônio Viug

Gols: 1º tempo: Fluminense 1 a 0, Pinheiro, 26'; Final: America 2 a 1, Nilo, 49' e Jorge, 78'

America: Ari; Jorge, Djalma, Wilson Santos e Ivan; Amaro e João Carlos; Calazans, Antoninho (Fontoura), Quarentinha e Nilo. Técnico: Jorge Vieira.

Fluminense: Castilho; Jair Marinho, Pinheiro, Clóvis e Altair; Edmílson e Paulinho (Jair Francisco); Maurinho, Waldo, Telê e Escurinho. Técnico: Zezé Moreira.

A GRANDE CONQUISTA DO AMÉRICA

Derrotando o Fluminense Por 2x1, no "Match" Decisivo, o Quadro de Campos Sales Levantou o Primeiro Campeonato do Estado da Guanabara — Os Tricolores Começaram Melhor, Mas Não Souberam Aproveitar a Fase de Intranqüilidade Dos Rubros — Num Caso e no Outro, um Jôgo Não Representa 21 Jogos — O Grande Ausente: Antônio Avelar — Pinheiro, de "Penalty", Nilo e Jorge, os Artilheiros do Clássico Final do Campeonato — Duas Alterações Modificaram o Panorama Tático — Wilson Lopes de Sousa, Mais Viug e Gomes Sobrinho, no Limite da Perfeição — Movimento Técnico

Já no "goal" de empate, Pompéia não se conteve, dando um salto acrobático do banco dos reservas

O Padre Rafael, da Igreja de São Vicente de Paula, vibrou com o feito americano e abraçou Jorge, já na Rua Gonçalves Crespo

Álvaro Bragança sofreu o impacto emocional dos 2x1 e teve que recorrer ao oxigênio

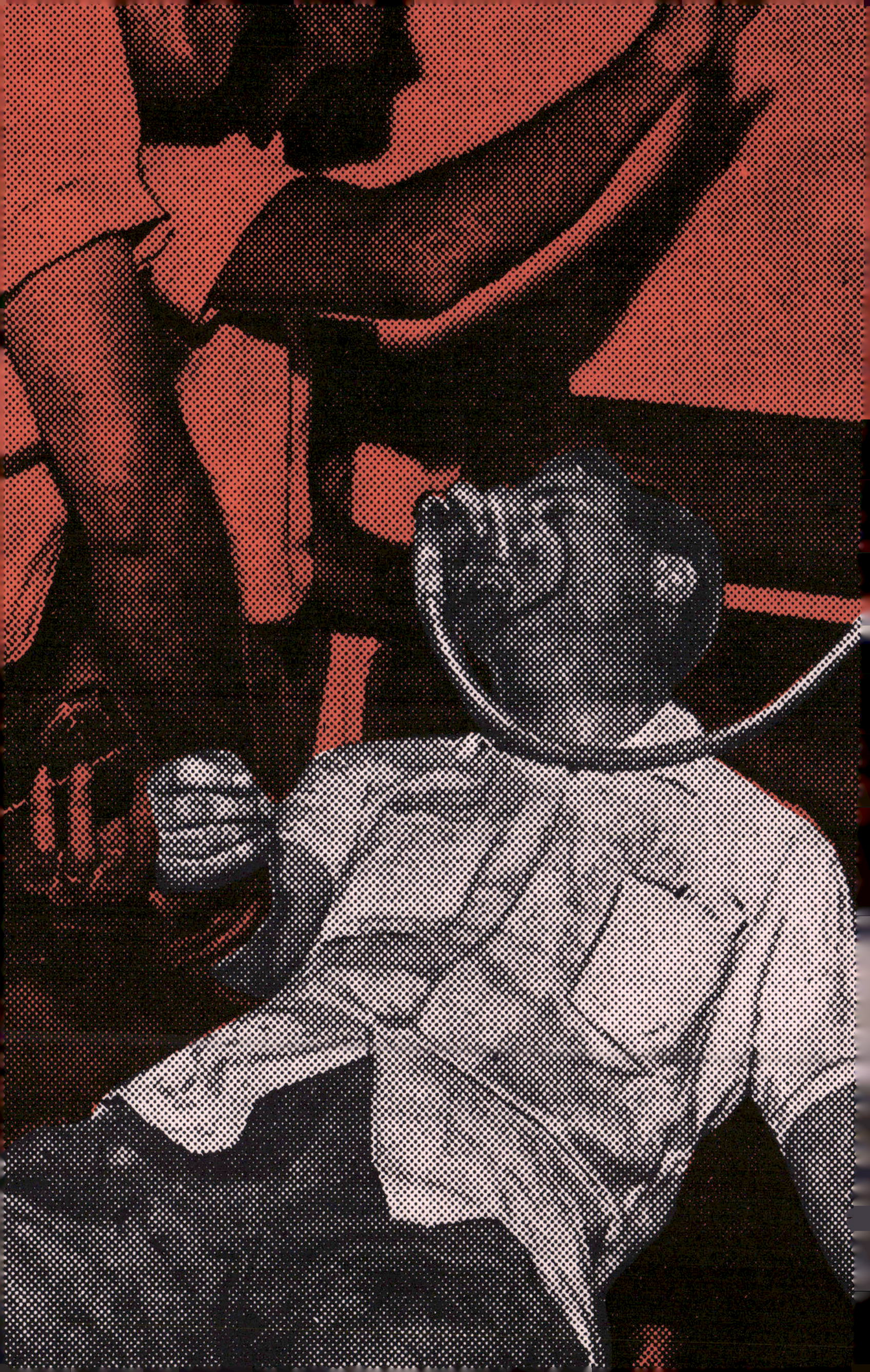

APAGAR DAS LUZES

Os dias que se seguiram à conquista do título de 1º campeão do Estado da Guanabara, foram os mais encantadores, diferentes, gratificantes e emocionantes de minha curta existência. O destaque na primeira página do *Jornal do Brasil* na terça-feira (não havia circulação às segundas) - a foto de um corpo coberto por lençol sendo levado em uma maca com o título "Pelo America também se morre" - já dava o tom do que viria pela frente. Era o corpo de um torcedor que se afogou na pequena piscina do clube. Quem sabe não morreu ao meu lado? Porque pulei de roupa e tudo quando cheguei do estádio, assim como muita gente. Pode ter batido a cabeça no trampolim, talvez não soubesse nadar ou... Quem sabe? Estava bêbado de alegria.

No dia seguinte à partida, Lamartine Babo, o Lalá, o extraordinário compositor carnavalesco e das festas juninas, vestido de diabo, com tridente e tudo, conforme havia prometido, subiu a bordo de um carro conversível e provocou o maior bafafá nas ruas do centro, recebendo tremenda ovação das pessoas que passavam. O famoso torcedor do America foi assunto nos jornais, nas rádios e até no *Repórter Esso*, da TV Tupi.

Veio o Natal e, com ele, o presente inesquecível: uma camisa oficial do America com autógrafos de todos os jogadores e do técnico Jorge Vieira. Meu pai me abraçou aos prantos quando a entregou a mim junto à pequena árvore colocada na sala. Minha irmã ganhou um conjunto de *short* e blusa com as cores do America e um velocípede; minha mãe, uma cesta com produtos da Granado (talco, cremes, água de colônia, perfumes, esmalte, sabonetes), enquanto meu pai recebeu uma camisa, uma gravata e o livro *Quarto de Despejo*, da escritora favelada Carolina Maria de Jesus, o *best-seller* do momento.

Eu, todo pimpão, saía às ruas vestido com a camisa americana, peito estufado, e as pessoas com quem cruzava me davam parabéns, batiam palmas, diziam "Ufa, até que enfim!", menos a Rapunzel tijucana, que não foi capaz de me cumprimentar. Dane-se, com certeza era tricolor e estava de cabeça inchada.

Na véspera de fim do ano, fomos à Fazenda da Forquilha, em Rio das Flores, administrada pelo meu avô, Zé Reis, com direito a ficarmos parados por horas na Serra das Araras enquanto o Ford Prefect esfriava. Uma velha rotina familiar...

O campeonato do America não era assunto na fazenda, foi completamente ignorado; os colonos nem luz elétrica tinham em suas casas. Na cidadezinha de Rio das Flores, mais ou menos a mesma coisa, um ou outro passava dando os parabéns; o assunto era a Folia de Reis do Seu Leleco e do Tachico, que saiu deslumbrante às ruas, com os foliões vestindo lindas roupas de cetim e os palhaços usando máscaras aterrorizantes.

O jantar de fim de ano acabou às dez e meia. As pessoas na fazenda dormem e acordam cedo. Muitas saladas, pedaços de porco, galinha assada, cuscuz, farofa mineira com torresmo. Bolinhos de chuva e rabanadas de sobremesa.

O avô Zé Reis roncava na cabeceira; a avó Jandira não escondia o cansaço nos olhinhos, quase se fechando; a mãe Nilza e a irmã Helena não tinham mais assunto e meu pai, o professor Trajano, e o tio Carlos haviam esvaziado o vinho de garrafão. Os primos tinham ido dormir.

Saí porta afora, pé ante pé, subi em um pequeno trecho do morro atrás da casa, deitei-me na grama e fiquei contemplando as estrelas em busca de alguma mais desgarrada e brilhante, a Aldebarã, de cor avermelhada, quem sabe? Queria me comunicar com ela, agradecer pelo ano mágico. Havia várias. Batizei, então, cada uma com o nome de um campeão: Pompeia, Ari, Jorge, Djalma Dias, Wilson Santos, Leônidas, Ivan, Amaro, João Carlos, Calazans, Antoninho, Quarentinha, Nilo, Décio, Jailton, Fontoura, Enilson e Sérgio.

Dormi por ali muito tempo, desconfio que pelo restante da noite. Antes de entrar em casa, vi que a luz das estrelas vermelhas ainda brilhava no céu, iluminando os morros em volta, enquanto o quieto barulho do riacho passava nos fundos do quintal.

Será que um dia essa cena vai se repetir?

CLASSIFICAÇÃO FINAL

		P	J	V	E
1	America	37	22	16	5
2	Fluminense	36	22	16	4
3	Botafogo	35	22	15	5
4	Flamengo	29	22	12	5
5	Vasco	28	22	12	4
6	Bangu	23	22	10	3
7	Olaria	16	22	5	6
8	Canto do Rio	14	22	5	4
9	Bonsucesso	13	22	5	3
9	Portuguesa	13	22	5	3
11	Madureira	11	22	3	5
12	São Cristóvão	9	22	2	5

Artilheiros

Quarentinha (Botafogo): 25 gols.

Waldo (Fluminense): 14 gols.

Pinga (Vasco): 12 gols.

Gérson (Flamengo) e Maurinho (Fluminense): 10.

Antoninho e Nilo (America): 9.

D	GP	GC	SG
1	39	15	24
2	52	17	35
2	64	24	40
5	42	26	16
6	36	19	17
9	27	27	0
11	25	38	-13
13	19	48	-29
14	35	50	-15
14	21	41	-20
14	20	41	-21
15	11	45	

Campeões estaduais

O Fluminense foi campeão do Torneio Rio-São Paulo disputado no início do ano.

Santos, Cruzeiro, Grêmio, Bahia, Coritiba, Náutico, Remo e Fortaleza venceram em seus estados.

O Palmeiras foi campeão da Taça Brasil, o Brasileiro da época, vencendo o Fortaleza por 8 x 2, em 28/12.

FAMOSOS NASCIDOS EM 1960

Diego Maradona, Ayrton Senna, Careca (jogador), Antonio Banderas, Renato Russo, Bono, Arnaldo Antunes, Maria Padilha, Tony Bellotto, Isabel Salgado, Eliane Elias, Léo Jaime, Mozer (jogador), Teco Cardoso.

Este livro foi composto nas famílias tipográficas Alternate Gothic, Nitti Typewriter e Utopia e impresso em papel OffSet 90gr/m^2 pela gráfica Ipsis em maio de 2025.